まい飯レシピ

やるきないから、今日もごはんを作る！

まい

JN038255

主婦の友社

はじめに

5kidsママまいの キッチンへようこそ！

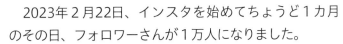

　2023年2月22日、インスタを始めてちょうど1カ月のその日、フォロワーさんが1万人になりました。

　その約1年後、まさか自分がレシピ本を出版することになるなんて想像もしてなかった……。

　福岡生まれ、福岡育ち。23歳で母になり、現在、5人の子どもと旦那さんの7人家族。小さい頃は母子家庭で育ち、長い休みのときは、祖父母の家にいることがよくありました。仕事で忙しいママの助けになりたくて、喜んでほしくて、料理を祖父母に習いました。

　そして今は、家族のおなかを美味しく、楽しく満たすためにキッチンに立つ毎日。料理は好きだし、もちろん喜んでほしいって思ってるけど、料理をやめて、自分のことに集中したいと思うときがあるのも正直なところ。だけど今は、自分のこの手に、家族の健康とみんなが楽しみにしてる食事の時間がゆだねられていると思うと**「やるしかないから、ごはん作るぞ！」**って力がわいてくる。インスタントラーメンにもやしぶっこんだだけでももちろん料理、手抜きではない、工夫である。私と同じで、そうやって毎日頑張ってるパパ、ママ、おばあちゃん、おじいちゃんもいるのでは？　そしてこれを読んでくれている、あなたも同じかしら……と想像しながらこれを書いています♡

やるしかないから料理を作る仲間どうし、
この本の中に一つでも、二つでも、
大切な人に喜んでもらえるレシピが見つかりますように！

同志より（maimeshi_recipeのまい）

CONTENTS

Part 1

フォロワーのみんながこぞっていいね♡&保存した

簡単すぐでき 万バズごはん

Part 2

ボリュームが出るうえ節約もできる

やっぱり肉が好き！

Part 3

おかわりコールが止まらない！

野菜たっぷりおかず

Part 4

買いおきしててよかった！

加工品お役立ちレシピ

Part 5

さっと作れる、ほっとする

箸休めと大好きスープ

column

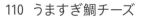 ちょっといいですか!?

調理に使う道具を表示

 フライパン、 オーブン、 電子レンジ など、調理で主に使用する道具がわかります。

調理工程を写真つきで紹介

調理の流れがわかりやすいように、手順の多くを写真とともに紹介。食材の切り方やフライパンの中の様子などの参考にしてください。

調理のワンポイントアドバイス

気をつけてもらいたい調理ポイントやおきかえできる食材などを記載しています。

Part1 簡単すぐでき万バズごはん

世界イチ疲れない料理が1食120円!?
じゃがいも界、最強のひと品

ぶっこみローストポテト

材料 2〜3人分

じゃがいも	2個	
粉チーズ	適量	
オリーブ油	適量	
岩塩(または塩)	適量	
あらびき黒こしょう	適量	

Ⓐ
バター	10g
オリーブ油	大さじ1
にんにくのすりおろし	小さじ1

作り方

ガーリックパウダーで代用してもOK!

1 じゃがいもは皮つきのまま、くし形切りにする。

2 Ⓐのバターを耐熱容器に入れ、ふんわりラップをかけて30秒レンチンして溶かし、残りのⒶを加えてまぜる。

3 天板にクッキングシートを広げ、粉チーズ適量、オリーブ油をざっと広げる。

食べたりじゃがいもの列の具人中にちょこちょっとたらしていく感じでOK。

4 1を並べ、2をスプーンなどを使って全体にかける。

5 粉チーズ適量、岩塩、こしょうをそれぞれ適量、200度で熱ないのオーブンで25分焼く。

まい版MEMO
粉チーズは「ちょっと多いかな?」と思うくらいにたっぷり、ケチらずふりたい。粉チーズが少ないとカリッカリに焼き上がらんもん思いまって、わが家はいつも大さじ3はふりたよ。

作りました!!「お店みたい~!」と子どもたちに大ウケでした♥

揚げなくてもカリカリチーズと黒こしょうのアクセント!とっても美味しかったです!!ありがとうございました!!

美味しいし、楽チンで助かりました!

3万2236いいね♥
11万2053保存📌

Thanks!

子どもたちはやっぱりポテトが大好き。だけど、「今日は揚げるのが面倒〜」ってときはこれ一択!皮つきで切ってちゃちゃっとオーブンに入れて、飲みながら焼き上がりを待つだけ。「あと一品ほしい!」ってときにもめっちゃおすすめやけん作ってみてね。

フォロワーさんたちのコメントを紹介

インスタで紹介された際の、フォロワーさんたちのコメントを中心に掲載。実食した友人のコメントが含まれることも。

レシピにまつわるエピソード

このレシピを作った経緯や家族の反応などを中心に紹介。Part1は「いいね♡」と保存数にも注目!

失敗しないポイントをチェック!

失敗しがちなポイントやさらに美味しくなる食べ方などを紹介。

この本のレシピについて

● でき上がり量は多めの2〜3人分が基本です(ちなみにわが家はだいたい今回の本の倍量を作っています)。
● 材料の小さじ1は5mℓ、大さじ1は15mℓです。また、1つまみとは、3本の指でつまんだ量です。
● 電子レンジ加熱する場合は「レンチン」すると表記しています。レンチンの加熱時間は600Wの場合のめやすです。電子レンジやオーブン、オーブントースターは機種によって差があるので、

様子を見ながらかげんしてください。
● 特に表記のない場合、火かげんは中火です。
● レシピ上、野菜を「洗う」「皮をむく」「ヘタをとる」「種を除く」などの作業は省略しています。また、野菜の皮はなるべくつけたまま調理しています。皮にも栄養が含まれるので、たわしなどでよく洗って、できる限り使うようにしています。

● フライパンはフッ素樹脂加工のものを使用しています。
● 韓国の粉とうがらしは、辛みがしっかりつく「あらびき」を使っています。辛いものが苦手なかたや彩りに使う「細びき」タイプを使ってみてください。
● 私の料理の味つけは濃いめです(いつもお酒に合わせるので)。調味料はお好みで調整してみてください。また、油はおもにこめ油を使っていますが、お好みのものにおきかえてもOKです。

はじめまして！
料理歴32年 maimeshi_recipeのまいです

小さいころは大好きな母のために、今は大切な子どもと旦那さんのためにごはんを作っています。朝から晩までごはんのことを考えて、それと同じくらい晩酌のときのうまい1杯のことを考え、今日も明日も作り続けるまい飯レシピです。

profile　生まれも育ちも福岡県。20代で酒好きが開花し、お酒に合う食べ物の素晴らしさを知り、料理好きが加速（もはや暴走）。2023年春、もともと得意だった料理に特化したインスタグラムの投稿を始める。趣味はみそなどの保存食作り。

次男（小6）
長男（中2）
次女（4歳）
長女（6歳）
三男（2歳）

5人の子どもを育てています

愛すべき子どもたちとわいわいにぎやかな毎日を過ごしています。旦那さんとはお互い結婚2回目どうしのステップファミリーの7人家族。私を筆頭に、みんな食べることが大好き！

とにかく日々、料理三昧！ほぼキッチンに住んでいます

私の家での居場所はほぼキッチンとダイニング。朝、昼、晩とみんなのごはんを作って、あいた時間はインスタ用に料理を作って動画制作。ここが私のいちばん落ち着く居場所です。

初めて包丁を握ったのは5歳のころ 祖父母の料理が私の原点！

母子家庭やったけん、仕事で疲れて帰る母を喜ばせたくて、おばあちゃんに米の炊き方とかみそ汁の作り方を習ったのが料理の原点。おばあちゃんには家庭料理を、調理師のおじいちゃんからは食材の下処理とか切り方とかのワザを教えてもらいました。食べるのも作るのも大好きな祖父母のおかげで、料理好きな私ができ上がりました。

三度のめしも、お酒も大好き♡

お酒に合うアテを用意しておいて、はじめの1杯を美味しく飲むのが毎晩のお楽しみ。かつおのたたきや鶏皮の薬味盛り、ナムルなんか最高やね。好きな料理とうまい酒があればだいたいごきげんに過ごせます。

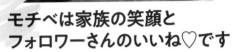

いつだっけ
立ちっぱなしで
晩酌タイム。

リアルすぎて
すみません。

ハイボール
です。

\\ ある日の私の晩ごはん //

モチベは家族の笑顔と
フォロワーさんのいいね♡です

座って食事する暇がないほど忙しい日々ですが、私の料理を爆食いしてくれる子どもたちや「作ったよー」とコメントをくれるフォロワーさんの存在が一番の心の支え。私のインスタを見て「料理って楽しい！」って思ってもらえたら最高です。

メニュー選びは節約とボリュームが命。
あとは自分が食べたいものだけ♡

美味しさとボリュームは絶対条件。鉄板食材は無限のアレンジがきく鶏むね肉。野菜は焼いて、揚げて、蒸してと、なんとでもなるじゃがいもと大根。自分が食べたいメニューも入れながら365日のメニューをやりくりしてます。

これは絶対
きらさんよ！
**節約食材
BEST 3**

鶏むね肉
とにかく安いという理由から、ももではなくむね肉一択。家計大助かりです！月に一度、12kgをまとめ買い(p.31)。

じゃがいも
かさも出るし腹もちもよくて家族みんなが大好き。スーパーで見かけたら何も考えずにかごに入れてしまうやつ。

大根
根菜類は普段からストックしているけれど、大根はいつでもスタメン。煮たり揚げたり、ボリュームが出るので助かる！

子どもが
好きなものだけでなく、
自分が食べたいものも
軸にして作っとる！

おかずで飲む！
がモットーです
**好きな料理
BEST 3**

ピリ辛ねぎと丸天 ➡(p.26)
切ってトースターで焼くだけの手軽さが◎。韓国粉とうがらしビギナーに最初のひと品として推奨したい。

もっチーズポテト ➡(p.74)
中からきのこのうまみをまったチーズがとろ～んとあふれてくるやつ。揚げたてあつあつで食べてほしい。

牛すじわかめスープ ➡(p.118)
牛すじは下ゆでせずに使うからとっても手軽。なのにたまらん美味しさ！作った翌日はさらにうまみがマシマシです。

わが家でよく使っている

調味料

基本的に一つのメーカーや商品に限定せずいろいろな味を試して
楽しんでいます。今使っていて気に入っているものを紹介します。

しょうゆ、みりん、酒

できるだけ余計なものが
入っていないのが基本。
料理に使うしょうゆは甘
口ではないものを、酒は
食塩添加なしの飲めるも
の、みりんも本みりんを
使用。迷ったときは店員
さんにおすすめを聞いた
り、なじみの深い九州産
を選んだりしています。

左から、こんにちは 料理酒／
大木代吉本店、三州三河みりん
／角谷文治郎商店、杉木桶九州
産丸大豆醤油／クルメキッコー

ポン酢しょうゆ、白だし、めんつゆ

私の料理になくてはな
らないこの3種類。し
ょっちゅう買い足すけ
ん、口に合うのはもち
ろん手に入りやすさと
価格も選ぶポイント。
めんつゆは2倍濃縮タ
イプのもの、ポン酢は
食品ラベルをガン見し
てシンプルかどうかで
見極めます。

左から、かつおつゆ、京風仕
立て白だし、ゆず醤油かけぽ
ん／すべてチョーコー醤油

油、酢、マヨネーズ、ケチャップ

酢はいろいろ変わるけ
ど、ほかは固定で愛用
中のもの。こめ油はベ
タつかず、カラッと軽
い感じが私好みなので、
最近は焼くも揚げるも
これ一択。

左から、トマトケチャップ
／ハインツ日本、松田のマ
ヨネーズ／ななくさの郷
（松田マヨネーズ）、富士 玄米
黒酢／飯尾醸造、まいにち
のこめ油／三和油脂

砂糖、塩、片栗粉、小麦粉

使用頻度が高いものは、スーパーで買
える超スタンダードをチョイス。砂糖
はてんさい糖やきび糖、塩は沖縄のシ
ママース、粉類は国産のものをセレクト。

韓国の調味料いろいろ

これも欠かせない！

韓国料理が大好きなので、辛味調味
料は専門の食材店でまとめ買い。韓
国粉とうがらし（あらびき）は大袋で購
入して、キムチ作りにも使用。ダシ
ダは下味をつけたりスープを作った
り。コチュジャンは焼き肉で大活躍！

左から、唐辛子粉／大象ジャパン、牛肉ダシ
ダ、bibigo コチュジャン／ともにCJフーズ
ジャパン

練乳

なくてはならない
わが家の名脇役。

料理の甘みは砂糖だけに頼ら
ず、この子におまかせするこ
とも多いです。マヨネーズと
の相性がよく、コク足しにも
なります。一生懸命まぜても
溶けきらない砂糖にやきもき
することもなくなるよ（笑）。

北海道練乳／雪印メグミルク

お世話になっている

調理器具と家電

キッチンの居心地を左右する家電は、お気に入りをそろえてテンションアップ！ 道具はあれこれ多くを持たず、厳選したものだけを長く使い続けています。

調理器具

ふたがぴったり閉まる鍋
野菜はゆでずに蒸す派の私にとって、密閉性が高くて少量の水で調理ができる鍋は欠かせない存在。特に平たいものは葉物がたっぷり入って便利。ごはんも鍋炊きです。

大きさ違いのフライパン
大きさ、深さ、形の違う数種類のフライパンを料理によって使い分け。大家族なので36cmのビッグサイズやマルチグリドルなどを駆使して同時調理しています。

サイズのそろったボウルとざる
水きりや油抜きなど、食材を平らにおける平ざるが便利。そのうえボウルとジャストフィットで安定感もよく、場所をとりません。なにより見た目が◎。

細めのトング
いため物にも揚げ物にも使えて、食材をやさしくつかむ先端の形が絶妙なステンレス18-8のトング。長く使えるものを探して出会えたお気に入り。

職人さんの包丁
福岡市内にある老舗の鍛冶屋さんで職人さんが手作りしている包丁を愛用。3カ月に一度、ピッカピカに研いでもらって最高の切れ味をキープ。

大きめのスライサー
いろいろ試したなかで、貝印の安定感と切れ味のよさが私にフィット。じゃがいもがどれだけでも薄くスライスできるのはこの子のおかげです。

竹製の鬼おろし
私の大根好きをさらに加速させたのがこれ。粗めの食感がたまらんのです。普通の大根おろし器には絶対に戻れん。水洗いしたらしっかり乾燥を。

食品用のポリ袋
食材に粉をまぶしたり味をつけたり、肉類を冷凍したりと、とにかくなんでもこれにイン！ 使用頻度が高いのでコスパ重視の大容量タイプを選びます。

家電

色も形もシンプルなものを選んどるよ。

すっきりと黒で統一
オーブンレンジ＆オーブントースター
インテリアのトーンに合わせて見た目と機能で選んだこの2つ。ずっと電子レンジはいらんと思ってたんやけど、あると便利。レシピの幅がぐんと広がった！

普段用と肉専用の2台持ち！

これがないと生きていけない
冷蔵庫＆家庭用小型冷凍庫
野菜室は根菜類も果物も全部入れでいつもパンパン！ 冷蔵室はどこに何があるかわかるように7割以下収納。小さいほうは、肉専用の4段冷凍庫です。

Part 1

フォロワーのみんなが
こぞっていいね♡&保存した

簡単
すぐでき

万バズ
ごはん

得意料理は
じゃがいもおかず。
いものレパートリーは
無限です。

子どものころ、おばあちゃんが作る
少し甘めの肉じゃがが大好きで、
そのときに食べてたじゃがいもの記憶が
今でも鮮明に残ってる。
美味しいし、経済的だし、腹もちいいし、
最高の食材だと信じてる、じゃがいも愛
強めの私。フォロワーさんに喜んでもら
えた料理も、いものレシピが多めです。
大人気だった料理8選を紹介します。

切って並べて
焼くだけ。

スライスして
揚げるだけ。

どれも皮ごと使うから
超手間なしです。

"のり塩おかチー" の味つけが大好評！

サクッもち
ポテチ

これで
作るよ

電子レンジ

フライパン

ボウルで
ふりふりして
仕上げます

みんなのコメント

カリッ、もちっで
とても美味しく、
飛ぶように
売れました👏

大人のおつまみ、
ビール🍺にも最高だし、
子どもウケも
抜群でした!!

粉チーズ、
青のり、かつお節の
組み合わせが
斬新ですね!!

Thanks!

16万6038いいね♥
27万3701保存🔖

これ作ったら、「また、食べたい」って子どもが泣いたほど！ じゃがいもの種類は、メークインでも男爵でもOK。深めのボウルで豪快に振って、しっかりからめるのがポイントです。間違いない味の、のり塩、おかか、チーズで味つけします。

レシピはp.16へ➡

15

さっくりともっちりの秘密を公開するよ

サクッもちポテチ

材料 2〜3人分

じゃがいも	3個	Ⓐ	粉チーズ	大さじ2
片栗粉	大さじ3		青のり	小さじ1
こめ油	適量		塩	小さじ1/3
		かつお節		1袋

作り方

軽く水分をとばすと、からみやすくなります。

1 かつお節は小さめの耐熱ボウルに入れて30秒レンチンする。

2 じゃがいもは皮つきのまま、スライサーでスライスして水に3分ほどつける。ざるに上げて水けをきる。

右ページにある「まい飯トルネード」を参考にしてやってみて。

3 ポリ袋に**2**と片栗粉を入れて振り、全体に粉をまぶす。

4 フライパンに約1cm深さの油を熱し、4〜5枚ずつ重ねてぎゅっと合わせながら入れる。

5 途中で返して両面をカラッと揚げ焼きにし、油をきる。

6 ボウルに入れて**1**を手でくずしかけて、Ⓐをそれぞれ振り入れる。ボウルを振って全体を合わせる。

こちらも万バズ!!
じゃがいもをれんこんにかえて……

サクッもちれんこん

みんなのコメント

お野菜嫌いな
子どももおやつ感覚で
食べてくれました!
リピ決定✨

これ
試してみます!
おやつにもおつまみにも
よさそう😋

材料 2～3人分

れんこん	250g
片栗粉	大さじ2
こめ油	適量
Ⓐ 粉チーズ	大さじ2
青のり	小さじ1
塩	小さじ1/3
かつお節	1袋

作り方

1 「サクッもちポテチ」(p.16)の
じゃがいもをれんこんにかえ
て同様に作る。

1万4017いいね♥
3万3016保存🔖
Thanks!

端が欠けやすいけど、重ねて揚げ焼きにす
るから形は気にせずどんどんスライス。

ちょっといいですか!?
袋を振って
粉をまぶす
**まい飯
トルネード!**
やってみて

食材に粉をまぶすのに
はポリ袋が便利。
洗い物も減るよ。
くるくる軽やかに～。

1 ポリ袋に食材と粉を入
れ、袋の中に空気をと
り込みながら袋の口を両手
でぎゅっと閉める。

2 手で袋の口をつまんだ
まま、口が閉まるよう
にくるっと勢いよく回す。
これぞ、まい飯トルネード!

上下左右にシェイク、シェイク!
振りよったら楽しくなるよ～。

3 空気が入ったところで、
食材と粉をはずませる
ようにして上下に振る。強
さや向きを変えながら全体
に粉を行き渡らせて。

カリッもちっの、みんな大好きのり塩味
くるくるポテチ

みんなのコメント

くるくる巻くのは
子どもたちにやって
もらいました。大盛り上がりで、
めちゃくちゃ美味しー！と
大好評でした。

これで
作るよ

電子レンジ　フライパン

みんなのコメント

ポテチ苦手な
子どもたちも食べて、
旦那はすごい
食べました（笑）。

ポテチでまさか
モチモチがあったとは😱
絶対うまいやん💕

Thanks!

11万9659いいね♥
18万6482保存🔖

くるくる、くるくる、子どもと一緒に作ると楽
しいレシピ。雨の日など、おうちで過ごす時間
が長くなるときにはもってこい。みんなでわい
わいおしゃべりしながらやっています。

材料 2～3人分

じゃがいも	2個
片栗粉	大さじ2と1/2
スパゲッティ	適量
こめ油	適量
Ⓐ 粉チーズ	大さじ1
青のり	小さじ1/2
塩	小さじ1/4
かつお節	1袋

下準備

じゃがいもは「サクッもちポテチ」
(p.16)を参考にしてスライスする。

面が広くなるように意識すると、
大きくて巻きやすい形になるよ。

作り方

1
ポリ袋にじゃがいもと片栗粉を入れて振り、全体に粉をまぶす。かつお節は「サクッもちポテチ」(p.16)を参考にしてレンチンする。

2
2枚ずつ重ねてバットなどに並べる。キッチンペーパーで押さえるようにしてしっかり水けをとってからくるくる巻き、スパゲッティを適当に折り、刺してとめる。

刺すのが難しい場合は
つまようじで穴をあけるといいよ。

小さな気泡が
なくなってきたらOK！

3
フライパンに約1cm深さの油を熱して**2**を入れ、全体にこんがりとした色がつくまで揚げ焼きにして油をきる。形をキープするため、色づいてから上下を返して。

まい飯MEMO

油がはねる場合があるので、じゃがいもの水けはしっかりきってね。重ねたときにはキッチンペーパーでぎゅっと押さえてください。

4
ボウルに入れてレンチンしたかつお節を手でくずしかけて、Ⓐをそれぞれ振り入れる。ボウルを振って全体を合わせる。

ほうれん草が苦手な子どもたちでも、
不思議とパクパク♡

ツナチーほうれん草のポテチサンド

これで
作るよ

鍋　フライパン

みんなのコメント

斬新〜😎✨
ポテチで
ツナほうれん草はさんだら
もう絶対美味しいもん🍴
優勝👏

みんなのコメント

美味しすぎるー！
スライスではさむ
発想はなかった！

温サラダ感覚で
つけ合わせにしても
メインでもどちらでも
いけますね😀

Thanks!

16万6038いいね♡
14万5286保存🔖

焼き色がついたら鍋肌から油を回し入れ、
さらに焼いてカリッと仕上げる。チーズは
がっつり多めが◎なんです。

材料 2～3人分

じゃがいも	3個
ほうれん草	1束
塩	2つまみ
韓国牛肉だし（粉末、なければ好みの顆粒だし）	大さじ1/2
片栗粉	大さじ3
こめ油	大さじ4

Ⓐ		
	ツナ缶（缶汁をきる）	1缶(70g)
	ピザ用チーズ	約100g
	塩	小さじ1/3
	あらびき黒こしょう	少々

下準備

じゃがいもは「サクッもちポテチ」（p.16）を参考にしてスライスする。

ほうれん草は水分が多いから、水は足さずに塩だけ振って蒸すよ。

1 ほうれん草は根元を中心によく洗い、ぬれたままふたがぴったりと閉まる鍋に塩とともに入れ、「野菜の蒸し方」(p.91)を参考に、蒸気が出たら弱火にし、1分ほど蒸す。冷やしてしぼる。

2 1を2cm長さに切ってからボウルに入れる。Ⓐを加えてまぜる。

片栗粉と一緒に、だしの味もしっかりまぶします。

3 ポリ袋にスライスしたじゃがいもと韓国牛肉だし、片栗粉を入れて振り、全体に粉をまぶす。

4 フライパンに油大さじ2を引いて弱火で熱し、3の約半量を1枚ずつ隙間なく並べる（やけどに注意してね）。中央に2をのせて軽く広げる。

焼く時間は片面10～15分がめやす。気長に焼いてみて～。

5 3の残りを隙間なく重ね、袋に残った水分（大さじ4）も全体にかける。中火にして押さえながらしっかり焼く。焼き色がついたらひっくり返して鍋肌から油大さじ2を回し入れ、反対側も同様に焼く。

まい飯MEMO

鍋からはみ出すほどもりもりだったほうれん草は、ふたをして蒸すとみるみるうちにしゅ～ん。1束があっという間にみんなの腹におさまると、いいことした気分になって、私は嬉しいっす。

世界イチ疲れない料理が1食120円!?
じゃがいも界、最強のひと品

ぶっこみローストポテト

これで作るよ

電子レンジ　オーブン

みんなのコメント

作りました‼
「お店みたいー！」と
子どもたちに
大ウケでした🖤

みんなのコメント

揚げなくても
カリカリ❣
チーズと黒こしょうのアクセント！
とっても美味しかったです‼
ありがとうございました😊

美味しいし、
楽チンで
助かりました！

Thanks!

3万2236いいね🤍
11万2053保存🔖

子どもたちはやっぱりポテトが大好き。だけど、「今日は揚げるのが面倒〜っ」てときにはこれ一択！ 皮つきで切ってちゃちゃっとオーブンに入れて、飲みながら焼き上がりを待つだけ。「あと一品ほしい！」ってときにもめっちゃおすすめやけん作ってみてね。

材料 2〜3人分

じゃがいも	2個	Ⓐ バター	10g
粉チーズ	適量	オリーブ油	大さじ1
オリーブ油	適量	にんにくのすりおろし	小さじ1
岩塩（または塩）	適量		
あらびき黒こしょう	適量		

作り方

1 じゃがいもは皮つきのまま、くし形切りにする。

> ガーリックパウダーで代用してもOK！

2 Ⓐのバターを耐熱容器に入れ、ふんわりラップをかけて30秒レンチンして溶かし、残りのⒶを加えてまぜる。

3 天板にクッキングシートを広げ、粉チーズ適量、オリーブ油をざっと広げる。

> 並べたじゃがいもの列の真ん中にちょこちょこたらしていく感じでOK。

4 1を並べ、2をスプーンなどを使って全体にかける。

5 粉チーズ適量、岩塩、こしょうをそれぞれ振る。200度（予熱なし）のオーブンで25分焼く。

まい飯MEMO

粉チーズは「ちょっと多いかな？」って思うぐらいた〜っぷり、ケチらずふりふりしてほしい。粉チーズが少ないとカリッカリに焼き上がらんけん思いきって。わが家はいつも大さじ3はかけとるよ。

味見が止まらんくなるほどのお気に入り

薬味を食べる
なすの揚げびたし

これで作るよ　🍲 鍋　🍳 フライパン

みんなのコメント

揚げたあとに
熱湯で油抜きするの
知りませんでした。
明日早速作ってみます！

みんなのコメント

油抜きのおかげで
アッサリできました。
おだしも
やさしい味です♫

美味しくてさらに
倍量で作りました😍
薬味は盛り盛りに
限ります！

Thanks!

2万5894いいね♥
5万1952保存🔖

熱湯をかけてなすの油抜きをすることでさっぱり＆もりもり食べられます。作った当日はもちろん、さらに味がしっかりしみた翌日もまた美味しい！ わが家の場合、その日のうちに完食するのがほとんどですが(笑)。

材料 2～3人分

なす	大3個
Ⓐ 水	200㎖
みりん	40㎖
白だし	大さじ3
酢	小さじ2
こめ油	大さじ2
Ⓑ 青じそのせん切り	3枚分
三つ葉(こまかく切る)	1/2束
しょうがのせん切り	7g
みょうがのせん切り	2個分
いり白ごま	適量

作り方

1

なすは縦半分に切って、皮目に斜めに切り込みを入れる。さらに縦半分に切ってから2～3等分に切る。

なすは揚げたら小さくなるけん、大きめに切っても大丈夫。

2

フライパンに油を熱し、なすを皮目から入れて途中で返しながら2分ほど揚げ焼きにする。

皮目から焼くと、水分が均一に蒸発して、紫色がきれいに出るよ。

3

揚がったら、ざるなどにのせる。熱湯を回しかけて油抜きをしてしばらくそのままおいてしっかり湯ぎりして、耐熱容器に入れる。

なすは色が悪くなるけん揚げすぎに注意！ 高温でさっと火を通すイメージです。油ハネを防ぐためにも、今回は水にさらさず、切ったらそのまま揚げ焼きにします。

4

小鍋にⒶを合わせて煮立て、**3**に上から熱々をかけてそのまま冷ます。冷めたら冷蔵室で冷やす。食べるときにⒷをざっくり合わせてからのせ、ごまを振る。

薬味は冷蔵室に入れるとき、なすにかけて一緒に冷やしても◎。

25

シャキシャキうま辛
ピリ辛ねぎと丸天

これで
作るよ
トースター

みんなのコメント

今、
作ったんですけどー♥
ヤバい♥ 美味しいぃー♥
チンチャマシッソ！

丸天3枚で
作りましたが、
食べ始めたら、
これしかないの⁉って
家族で取り合い（笑）。

みんなのコメント

辛みが苦手な
夫がヒーハーしながら
また食いたいと言うので
定番の一つに
なりました😆

Thanks!

1万2726いいね♥
4万5204保存🔖

これ作ったら、お酒飲みすぎた……。マッコリ、焼酎（ソジュ）、ビールが止まらなくなる危険なやつですね。ねぎのシャキシャキがたまらんくて、簡単なのに一気にごちそうになる韓国風おつまみ。焼いただけの豚肉やとうふにかけても美味しいので、アレンジも無限です。

材料 2～3人分

長ねぎ	2本
丸天(さつま揚げ)	4枚(120g)
ごま油	大さじ3
Ⓐ 砂糖	大さじ2
しょうゆ	大さじ2
酢	大さじ2
韓国粉とうがらし(あらびき)	大さじ1
にんにくのすりおろし	2かけ分
いり白ごま	適量

作り方

1

長ねぎは10cm長さに切り、縦に切り込みを入れて真ん中の芯を抜き、繊維に逆らってくるくる巻いてせん切りにする。青い部分も同様にする。

> 芯の部分はおみそ汁の具やいため物に使ってね。

2

たっぷりの水につけてもみ、3分ほどおく。

3

丸天を食べやすい大きさに斜め切りにする。トレーにアルミホイルを敷いて並べ、トースターで7分焼く。

まい飯MEMO

あえるときは韓国のオモニみたいに手を使って、やさしくていねいに。そうすると味がしっかりなじみます。

4

2の水けをしっかりきってごま油を加えて手でまぜる。さらにⒶを加えてあえ、味をなじませる。器に3を盛り、4をのせる。

> 先にごま油をまとわせ、ねぎから水分が出るのを防ぐよ。

ゆでずに蒸すから味が濃い！
子どもたちの味見でなくなるほど人気
豆もやしナムル

これで作るよ  鍋

みんなのコメント

彼氏に食べさせたら、うまーっ😋!! これだけで白ごはんめっちゃいける！って喜んでくれました。

みんなのコメント

豆もやし初めて買いましたが、もやしとは違って食べごたえがありますね。めちゃくちゃハマってまーす🙌

もやし特有のくさみもなく、シャキシャキになりました😋リピートします✨

Thanks!

1万4552いいね♥
4万8476保存🔖

韓国のとうがらしはうまみが強くて辛さがマイルドなので大袋で常備。大人たちや中学生の兄が食べているのを見ているせいか、幼稚園児の子どもたちもいつの間にか食べられるようになっていました。

材料 2〜3人分

豆もやし	2袋(400g)
Ⓐ 塩	小さじ1
水	300㎖
Ⓑ しょうゆ	小さじ1
塩	小さじ1/2
砂糖	小さじ2
にんにくのすりおろし	
	1かけ分
韓国粉とうがらし(あらびき)	
	小さじ2(好みで調整を)
いり白ごま	大さじ1
ごま油	大さじ5
細ねぎ(1㎝幅の小口切り)	
	適量
塩	2つまみ

作り方

1

ふたがぴったりと閉まる鍋に豆もやしとⒶを入れ、「野菜の蒸し方」(p.91)を参考に、蒸気が出たら弱火にし、2分ほど蒸す。

> 豆の部分にも
> 火が通るように
> しっかり蒸すよ。

2

氷水につけて冷やし、ざるに上げて水けを軽くしぼる。

3

塩を振ってまぜて5分ほどなじませ、水けをしっかりしぼる。

> 全体に塩を振って
> 下味をつけるよ。

4

ボウルに**3**とⒷを入れ、全体がからむようにしっかり手であえる。

まい飯MEMO

豆もやしのナムルは水分が出やすくなるので、蒸したあとの脱水が大切。それでも水分が出るけん濃いめの味つけにしとるよ。普通のもやしで作る場合は蒸し時間1分でやってみて。

ボリュームが出るうえ
節約もできる

やっぱり肉が好き！

わが家の食卓に並ぶ肉おかずは、鶏むね料理が8割（ほぼ鶏むねやんね!?）。
あの手この手でアレンジすれば、5kidsのテンションは爆上がり！
豚こまや鶏ひきも使って節約を意識しながら、ボリュームと
食べごたえのある料理を目指しています。
私が好きな牛すじや鶏皮の料理も紹介するよ。

ザックザクチーズチキン
レシピはp.32へ ➡

肉の買い出しは月に一度だけ。
激安スーパー「ルミエール」で大人買い！

以前は毎週買い物に行きよったっちゃけど、買っても買ってもすぐなくなるけん、ついに肉専用の冷凍庫を購入。超時短になったし、1カ月単位で使いきることで肉の管理がしやすくなりました。

毎月恒例♡ ルミ買いの日に密着

いつものやつをお願いします！

鶏むね肉
12kgを
箱買い中！

どんどんかごに入れてくよ

\まずは/
加工品コーナーをチェック

納豆やとうふ、ちくわなどの練り製品をまとめ買い。めちゃ安！

精肉売り場へ

豚こま、鶏ひきなど、国産でなるべく大容量のパックを狙います。

カートはパンパン！

袋に詰めて車にGO!

レシートは笑えるほど長い（笑）。

この日の総額
¥17,364也

はあ〜大変やけど楽しかったぁ〜♡

買い物終了〜

必要なものだけをざーっと買い回って、30分で終わらせるのが目標。

日用品コーナーも物色

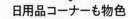

ストックは極力持たないようにしてるから、すぐに使うものだけ。

お気に入りのポリ袋はいつもここでゲット。

肉は、こうしてまとめ買いしたものを必要な分だけ解凍しながら使っています。買ったら寄り道せずに帰宅、すぐに小分け冷凍すれば鮮度そのままよ。

→肉の下処理の段取りはp.122をチェック！

DATA
ディスカウントストア ルミエール

福岡県内のみに23店舗を展開するディスカウントストア。生鮮（青果・精肉・鮮魚・総菜）、冷凍食品、日用品、家電など豊富な品ぞろえと驚きの低価格にファンが絶えない。
ルミエール 春日店　福岡県春日市下白水北3-91-1

いつ行っても大人気の愛されスーパー。

31

ザックザク チーズチキン

これで
作るよ

フライパン

みんなのコメント

😵😵😵😵
うちに材料が
全部そろってる…。お酒もあるし、
おなかも鳴った〜。
作るしかないなっ😀

練乳使いが
上手。

お肉
バンザイ！

**片栗粉を多めにつけて
楽しい歯ごたえ**

途中で水を追加して湿っ
た片栗粉でコーティング
すれば、ザクッと軽〜い
衣に。むね肉さえあれば
作れるから、冷凍を常備
しているわが家でくり返
し作る鉄板おかずやね。

材料　3人分

				B		
鶏むね肉		大2枚(650g)		B	マヨネーズ	大さじ8
A	マヨネーズ		大さじ1強		牛乳	大さじ3
	白だし		小さじ2		練乳	小さじ2
	塩		小さじ1/2		塩	小さじ1/2
	砂糖		小さじ1		あらびき黒こしょう	少々
	にんにくのすりおろし		1かけ分		粉チーズ	大さじ4
片栗粉			大さじ10		にんにくのすりおろし	1かけ分
					レモン汁	小さじ1
				こめ油		適量

下処理

鶏肉は下記の「鶏むね肉の下処理」を参考にして下処理をし、大きめのそぎ切りにする。

作り方

1 ポリ袋に鶏肉と🅐を入れてもみ込み、20分ほどおく。

2 ボウルに🅑を合わせ、シーザー風ソースを作る。

水を加えると片栗粉のダマができて、それが衣になるって感じやね。

お皿に盛りつけてからソースをかけて。たっぷりからめながら食べてみて！

3 別のボウルに**1**を入れ、片栗粉大さじ5をまぶす。

4 粉をなじませてから水大さじ3を加え、片栗粉大さじ5を加えて全体にしっかりなじませる。

5 フライパンに約1cm深さの油を熱して**4**を入れ、途中で返しながらカラッと揚げ焼きにして油をきる。油に入れたらひっくり返すまではさわらないのがコツ。器に盛り、**2**をかける。

👋 **ちょっといいですか!?**

絶対やらんと損！
ふわふわになる

鶏むね肉の下処理

 繊維の方向
 切る方向

むね肉は繊維を断つように切るだけでやわらかくなるんよ。食べやすく切ったら、それぞれのレシピの調味料につけ込んで。

1 むね肉は皮をはぎ、余分な脂をとり除く。真ん中に縦に切り込みを入れてから左右に開き、肉の厚みをなるべく均一にする。

2 肉全体にフォークを斜めに刺す。反対の面も同様にして、縦3等分に切り分ける。

3 繊維の方向をよ～く見て垂直に包丁を当て、繊維を断ち切るようにしながらそぎ切りにする。ひと切れの大きさは料理に合わせて変えてくよ。

ザクザク大根おろしを
ガリガリに揚げたチキンにかけて

鬼竜田揚げ

これで
作るよ

電子レンジ　フライパン

みんなのコメント

わが家も
鬼おろし派。大根が
シャキシャキでみずみずしくって、
普通の大根おろしでは
もの足りないんですよね😄

みんなのコメント

まいちゃんの
レシピまぢ神😊✨💕
同じ福岡県民として
親近感わきまくりww

**お肉
バンザイ！**

**衣と大根の食感にハマる！
見た目ハードだけど中身は正統派**

外はガリッと中はふんわりの鶏肉と鬼おろしの
大根がにぎやかな口当たりのひと品。今日の夕
飯が鬼竜田揚げだとLINEすると、旦那さんが
スキップで帰ってくるってやつです(笑)。

材料 3人分

鶏むね肉	大2枚(650g)		大根	120g
片栗粉	大さじ9	Ⓑ	ポン酢しょうゆ	大さじ8
Ⓐ マヨネーズ	大さじ2		みりん	大さじ2
しょうゆ	大さじ1と1/2		砂糖	小さじ2
酒	大さじ1		ごま油	大さじ1
みりん	大さじ1		こめ油	適量
白だし	大さじ1と1/2		細ねぎ(1cm幅の小口切り)	適量
塩	小さじ1/2		レモンのくし形切り	1切れ
砂糖	小さじ1			

下処理

鶏むね肉は「鶏むね肉の下処理」(p.33)を参考にして下処理をし、大きめのそぎ切りにする。

大根は鬼おろしを使って粗めに。ザクザク感がたまらない〜！

作り方

1 ポリ袋に鶏肉とⒶを入れてもみ込み、20分ほどおく。

2 Ⓑを耐熱容器に入れ、ふんわりラップをかけて2分レンチンし、あら熱をとる。

3 大根は皮つきのまま鬼おろしですりおろす。**2**に加えて軽くまぜる。

4 **1**をボウルに入れ、片栗粉をまぶしてなじませる。

5 フライパンに約1cm深さの油を熱し、**4**を入れて途中で返しながら両面をカラッと揚げ焼きにして油をきる。器に盛って**3**をのせる。ねぎを散らしてレモンを添える。

まい飯MEMO

普通の大根おろしでもいいけど、鬼おろしを使った大根はまた別物。一家に1個は持っとってほしいキッチンツールやね。白ごはんに鬼おろし大根とじゃこをのっけて食べるのがスキ。しょうゆたらりで2杯はいける♡

いいね♡は1万5千、保存数は7万超え！
人気の秘密は濃厚マヨソースにあり

わが家の鶏マヨ

これで作るよ → 🍳 フライパン

みんなのコメント

こりゃ
絶対美味しいに
決まってる！
保存しちゃった！

みんなのコメント

年末年始、
わが家の男たちが
全員集合するので、
コレもメニューに加えたいと
思います♪
絶対大好きだぁ😍

これは
病みつき間違いない
ですね😋

**お肉
バンザイ！**

つけて、揚げて、からませて
テンポよく！がポイント

ベーキングパウダー入りの衣は、材料を合わせたら放置せずに即つけ、即揚げがお約束。ふんわりカラッと仕上がるよ〜。素揚げにしたワンタンの皮と一緒に食べるのが美味しいから買い忘れんでね（もちろんなくても作れるけど、笑）。

材料 3人分

鶏むね肉	大2枚(650g)
ワンタンの皮	5枚
A マヨネーズ	大さじ1
酒	大さじ1
塩	小さじ1
砂糖	小さじ1
B マヨネーズ	大さじ8
練乳	大さじ1と1/2
粒マスタード	小さじ1
レモン汁	大さじ1
C 片栗粉	大さじ8
小麦粉	大さじ8
塩	小さじ1/2
こしょう	小さじ1/2
ベーキングパウダー	
	小さじ1
こめ油	大さじ2
冷水	100㎖
片栗粉	大さじ4
こめ油	適量

下処理

鶏むね肉「鶏むね肉の下処理」
(p.33)を参考にして下処理をし、
大きめのそぎ切りにする。

作り方

1 ポリ袋に鶏肉と**A**を入れても
み込み、20分ほどおく。

2 **B**を合わせてマヨソースを作
る。

3 別のポリ袋に**1**と片栗粉を入
れて振り、全体に粉をまぶす。

4 フライパンに約1㎝深さの油
を熱してワンタンの皮を入れ、
途中で返して両面をこんがりと色
づくまで揚げ焼きにする。油をき
って器に盛る。

5 ボウルに**C**をまぜて衣を作る。
3を衣にしっかりとくぐらせ、
同じフライパンで揚げ焼きにする。
途中で返し、両面に焼き色がつい
てカリッとしたらとり出し、油を
きる。

6 熱いうちに**2**に入れてマヨソ
ースをからませる。**4**の器に
盛る。

ビギナーさんもミスらないシンプルさ。
むね肉使って1食100円台の満腹ごはん

ねぎだく鶏マヨポン

これで
作るよ >
フライパン

みんなのコメント

これなら作れそう！
お弁当のおかずにも
よさそうですね😊

みんなのコメント

作りました〜！
ねぎが少しずつ
しんなり肉にからんで
美味しかったぁ♡

お肉
バンザイ！

**マヨネーズとポン酢は裏切らない！
味が決まるこの手軽さが好き**

とりあえずむね肉さえ家にあれば完成する安
心感が最大の魅力（普段はねぎなしでも作っとる）。
鶏肉焼いて、マヨネーズとポン酢を加えては
い完成！っていう、このなんも考えんでいい
シンプルな工程がいいっちゃんねー。

材料 3人分

鶏むね肉	大2枚(650g)
マヨネーズ	大さじ3
ポン酢しょうゆ	大さじ3
片栗粉	大さじ4
こめ油	大さじ3

Ⓐ	マヨネーズ	大さじ1
	酒	大さじ1
	塩	小さじ1/2
	砂糖	小さじ1/2
細ねぎ（1cm幅の小口切り）		2本

下処理

鶏むね肉は「鶏むね肉の下処理」（p.33）を参考にして下処理をし、大きめのそぎ切りにする。

作り方

1 ポリ袋に鶏肉とⒶを入れてもみ込み、20分ほどおく。

2 別のポリ袋に**1**と片栗粉を入れて振り、全体に粉をまぶす。

> あんまりさわりすぎず、焼き色がつくまでひっくり返さんように。

3 フライパンに油を熱して**2**を入れ、途中で返して両面に焼き色がつくまで焼く。

4 マヨネーズをかけ、全体にからめる。

> 平皿にごはんとコレをのせてワンプレートで出すのもいいよ！

5 ポン酢しょうゆを加えてさっと煮る。器に盛り、ねぎを散らす。

まい飯MEMO

油のかわりにマヨネーズ大さじ2でむね肉焼いても美味しいっちゃんね。味つけのマヨもプラスして濃い味マヨポンに。ハマりますよ〜♡

やわらかな鶏ひき肉に
れんこんのシャキシャキ食感をプラス！

ふわふわ鶏つくね

これで
作るよ

フライパン

みんなのコメント

ナイス料理に
1票！
これ出されると
嬉しいですね♫

チーズと
れんこんが効いてて
めちゃめちゃ
美味しそうですね。

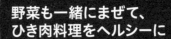
お肉
バンザイ！

**野菜も一緒にまぜて、
ひき肉料理をヘルシーに**

外で食べた味を思い出しながら作った自己流再
現レシピ。たまに使う鶏ひき肉は、歯ごたえの
いい野菜と合わせて、食べごたえを出すことが
多いかな。マヨポケにマヨネーズ入れるトッピ
ングからは、子どもたちと一緒に楽しく。

材料 8個分

Ⓐ	鶏ひき肉	350g
	れんこん	60g
	玉ねぎ	1/4個
	しょうがのすりおろし	5g
	梅干し	2個
Ⓑ	マヨネーズ	大さじ1
	酒	大さじ1
	ピザ用チーズ	50g
	片栗粉	大さじ1と1/2
	鶏ガラスープのもと	
		小さじ1/2
	細ねぎ（1cm幅の小口切り）	
		2本
	ごま油	大さじ1/2
Ⓒ	しょうゆ	大さじ2
	砂糖	大さじ2と1/2
	水	60㎖
	こめ油	大さじ2
	マヨネーズ	適量
	刻みのり	適量

作り方

れんこんの食感を
残したいときは粗めに、
小さい子どもが食べる場合は
こまかく切ると◎。

1 Ⓐのれんこん、玉ねぎはこまかく刻む。梅干しは種を除いてたたく。

2 ボウルに**1**と残りのⒶ、Ⓑを入れ、しっかりまぜる。

3 直径6cmほどの円形にととのえて8個作る。フライパンに油を熱して並べ入れる。真ん中にくぼみを作り、焼く。

4 焼き目がついたら上下を返して大さじ3の水を加えてふたをし、3分ほど蒸し焼きにする。

マヨネーズと
のりは
食べる直前に。

5 仕上げにⒸを回し入れて全体にからめる。くぼみが上になるように器に盛り、くぼみにマヨネーズをのせ、のりを散らす。

まい飯MEMO

梅の風味を楽しみたい場合は、こまかくしすぎず大きめにたたいてみて。家族のみんなに大好評だったマヨネーズポケット。しっかり下味つけとるけんマヨはなくてもいけるけど、見栄えもするし、美味しいし、みんなのテンションが上がったよね。

旦那さんの推しメニューNo.1がこれ！
濃厚ソースがジュワ〜ッ
ソースチキンカツ丼

これで
作るよ →

電子レンジ　フライパン

みんなのコメント

美味しそうで
見てるだけで
おなか鳴りました
😣😣

「お店みたいや〜ん」と
家族に大好評。
むね肉でリーズナブルな
うえに、こんなにやわらかく
できたの初めて！😋

お肉
バンザイ！

**下処理するひと手間で
ふんわりしっとりなむね肉に**

カツはソースにじわ〜とたっぷりひたすのが好
き。7種類も調味料をまぜて作ったうますぎソー
スやもん。しっかりしみさせて食べたいよね。
うちの子たちは、ココからさらにマヨビーム！

材料 3人分

鶏むね肉	2枚(600g)
A マヨネーズ	大さじ1
酒	大さじ1
塩	小さじ1/2
砂糖	小さじ1
B めんつゆ(2倍濃縮)	50㎖
中濃ソース	大さじ8
ウスターソース	大さじ8
トマトケチャップ	大さじ2
しょうゆ	大さじ2
みりん	大さじ2
砂糖	大さじ2
水	100㎖
小麦粉	大さじ10
溶き卵	2個分
パン粉	適量
こめ油	適量
あたたかいごはん	適量
キャベツのせん切り	適量
マヨネーズ	適量

下処理

鶏むね肉は「鶏むね肉の下処理」(p.33)を参考にして下処理をし、大きめのそぎ切りにする。

作り方

あまったソースはアレンジ無限大！これを使ったうますぎレシピは次のページで。

1 ポリ袋に鶏肉と**A**を入れてもみ込み、15分ほどおく。

2 **B**を耐熱容器に入れ、ふんわりラップをかけて3分レンチンする。

3 1に小麦粉を薄くまぶし、溶き卵にくぐらせてからパン粉をしっかりつける。

4 フライパンに約1㎝深さの油を熱し、3を入れ、弱めの中火で両面がこんがりとするまで揚げ焼きにして、油をしっかりきる。

せん切りキャベツは2分くらい冷水につけておくとシャキシャキになるよ（調理師だったおじいちゃんに教わった）。

5 丼にごはんを盛ってキャベツをのせ、マヨネーズをかける。

6 4を熱いうちに2のソースにくぐらせて5にのせる。好みで細ねぎの小口切り、すり白ごまをかける。

絶品のソースを作ったら、翌日はコレで決まり！

あまったソースで
オム豚いため

これで
作るよ

フライパン

みんなのコメント

万能ソースとして
常備してたら
時間ないときとか
助かりそ〜。

みんなのコメント

ソースときたら
マヨ、ですね。
からの、
ねぎもサイコー❣

お肉
バンザイ！

**豚こまでちゃちゃっと
仕上がる手軽さがイイ！**

豚肉はこまかいともさもさした感じがな
く、ソースのからみもよくなるけん、面
倒でも小さめにカットするのがおすすめ。
ここでもやっぱりマヨビーム！

材料 2〜3人分

豚こまぎれ肉	400g
もやし	1袋
卵	3個
ソースチキンカツ丼(p.42)で	
あまったソース	150㎖

Ⓐ	酒	大さじ2
	塩	小さじ1/2
	片栗粉	大さじ2
Ⓑ	マヨネーズ	大さじ1
	塩	2つまみ
	あらびき黒こしょう	適量

こめ油	大さじ3
マヨネーズ	適量
細ねぎ(1㎝幅の小口切り)	適量

作り方

ひと晩くらいつけておいても◎。
味がしみて美味しくなるよ。

1 豚肉は食べやすく切ってポリ袋に入れる。Ⓐも入れてもみ込み、15分ほどおく。

2 フライパンに油大さじ1を熱し、**1**を焼く。

3 肉の色が変わったらソースを加えてよくまぜ、味をからめる。

もやしはさっとね。
生か!?ってくらい
でも美味しい♡

4 もやしを加えて2分ほどいためて器に盛る。ボウルに卵を割りほぐし、Ⓑを加える。

卵のかたさは
お好みで！

5 フライパンをさっと洗って油大さじ2を熱し、卵液を流し入れて箸などでかき回しながら半熟状に焼く。半熟のほうを下にして**4**の器にのせる。マヨネーズをかけ、ねぎを散らす。

まい飯MEMO

このソース、本当に使えるけん、いろんなアレンジを楽しんでほしい。肉、野菜、卵などどの食材とも相性がいいし、じゅわ〜っとソースの焼ける香りがたまらない。一発で味が決まるのも神！

ライスペーパーは生春巻きに使うだけじゃない！
家族大絶賛！ 長男ウケ最強説
沼すぎ! 生春フライ

これで
作るよ

フライパン

みんなのコメント

ライスペーパーで
くるんでパン粉つけるの
すごいアイデア！
教えてくれて
ありがとうございます❣

みんなのコメント

生春巻き作って
2、3枚残しちゃうこと
あるから、こういう
メニュー知っておくと
便利♡

生春巻き以外の
皮の使い道に
感激です！

**お肉
バンザイ！**

豚肉にチーズがとろ〜ん♡
1万5000いいねを獲得した人気メニュー

これは長男が「うんまっ！」とほえた。ボリュームあるうえ、なにげにグルテンフリー。食べるときに塩、めんつゆ、レモン汁で味変しても美味しい♡ ライスペーパーで包む具材は少し多くても大丈夫。ギュッと巻いてくるんとすれば、しっかりまとまるけん、思い切ってやってみて。

材料 5個分

豚こまぎれ肉	270g	パン粉	適量
えのきだけ	1袋(200g)	ライスペーパー(16㎝)	5枚
青じそ	5枚	こめ油	適量
ピザ用チーズ	70g		
塩	小さじ1		

作り方

> 食感が楽しい
> えのきだけ。火が通り
> やすいのもイイ！

> チーズがはみ出して
> こんように、肉やえのきで
> ガードするイメージで
> 巻くとうまくいくよ。

1 えのきは軽くほぐして長さを3等分に切る。

2 豚肉は小さめに切って、塩を振り、軽くもむ。

3 ボウルに水を入れてライスペーパー1枚をさっとぬらし、まな板に広げる。手前に**2**、チーズ、えのきの順に各1/5量を重ねてのせてひと巻きし、左右を折りたたんで青じそ1枚を巻き込んで巻く。

> 巻きはじめからパン粉まで一気につけて。
> すぐにパン粉をつけないと、
> ライスペーパーがやわらかくなって、
> まな板やお皿にくっついちゃうよ。

4 巻き終わりをぎゅっとつけて、全体にパン粉をまぶす。残りも同様にし、計5個作る。

5 フライパンに約1㎝深さの油を熱し、**4**を入れ、弱めの中火でときどき転がしながら全体をしっかり揚げ焼きにする。

まい飯MEMO

ライスペーパーは、水をはったボウルに片側ずつさっとひたしてやわらくしてから巻いて。ぬれると時間がたつほどにやわらかくなって巻きにくくなるから、作業はちゃちゃっと手際よく！あまったライスペーパーは素揚げにして器にするのも楽しいよ〜。

牛カツレツ

濃厚にんにくソースがクセになる。
お肉食べたい〜！な日にはコレ

これで
作るよ

電子レンジ　フライパン

みんなのコメント

カツレツ、
いいですね〜。
にんにくソース

みんなのコメント

今度、
持ち寄りパーティーが
あるんで
作ってみます

**お肉
バンザイ！**

たまにはステーキ肉で
がっつり満腹！

普通に焼いても美味しいステーキ肉をカツレツ
にして、ガツンとにんにくを効かせたソースで
食べる贅沢。パンにもごはんにも合うソースは、
カツサンドのときに使ってもおいしいよ。

材料 2〜3人分

牛肩ロース肉（ステーキ用）	大1枚
小麦粉	適量
溶き卵	1個分
パン粉	適量
塩	適量
あらびき黒こしょう	適量
Ⓐ みりん	大さじ1
とんカツソース	大さじ4
トマトケチャップ	大さじ4
めんつゆ（2倍濃縮）	大さじ2
にんにくのすりおろし	1かけ分
こめ油	適量

作り方

美味しく食べるために、両面にまんべんなく。

1 Ⓐを耐熱容器に入れ、ふんわりラップをかけて1分30秒レンチンする。

2 牛肉の両面に塩、こしょうを振って軽くもみ込む。

3 小麦粉を薄くまぶして溶き卵にくぐらせ、全体にパン粉をしっかりつける。

4 フライパンに約1cm深さの油を熱し、**3**を入れる。途中で返して両面にこんがりとした色がつくまで揚げ焼きにする。

火かげんに注意しながら焼き目は両面をカリッと。

5 焼き上がったら油をきり、食べやすく切って器に盛り、**1**のソースをかける。

まい飯MEMO

ステーキ肉が食卓に並ぶことはほとんどないんで、家族がザワついたレシピ。ソースは和洋のコラボ。にんにくを入れて食欲をそそるパワフルな味に仕上げてみました。

子どもも爆食い、意外と手間なし。
15分で居酒屋メニュー

これで
作るよ

鍋

牛すじねぎだく

みんなのコメント

牛すじって
料理の仕方が
わからなくて
敬遠してたけど、
作ってみたくなった😆

みんなのコメント

まいさん、
これ飲む気満々の
レシピや〜ん😂

**お肉
バンザイ！**

大好きだからよく食べてる。
月に一度は牛すじレシピ

コリコリした食感が好きなので、食卓によく登場させる牛すじ肉（渋い!?）。「下処理が大変そう」と言われますが、みりんを入れた湯で15分ぐつぐつ煮るだけ。かたそうなところは小さく切ったら食べやすい。ゆずこしょうの量はお好みで調整を。

材料 2〜3人分

		Ⓐ		
牛すじ肉	300g		ポン酢しょうゆ	大さじ2
みりん	大さじ1		ゆずこしょう	小さじ1/2〜
長ねぎ	1本		いり白ごま	適量
			ごま油	大さじ1

作り方

ちょっとのみりんでOK！甘みがつくうえくさみもとれます。

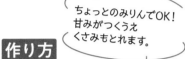

1 鍋に牛すじがつかるくらいの水とみりんを入れ、牛すじ肉を加えて15分ほど煮る。

アクをていねいにとっておくと格段に美味しくなるから頑張って。

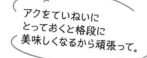

2 アクが出るので、こまめにとる。

彩りがよくなるので青い部分も使うよ。

3 ねぎは、白い部分を5〜6cm長さに切って縦に切り込みを入れて開き、芯を除く。繊維に沿ってせん切りにして白髪ねぎにする。青い部分は斜め細切りにする。

4 ボウルに水をはり、ねぎを入れる。水の中でもんでそのまま5分ほどひたし、ざるに上げてしっかり水けをきる。

5 **1**をとり出してあら熱をとり、薄めのそぎ切りにする。かたいところは小さめに切る。

6 ボウルにⒶをまぜる。**5**を加えてさっとあえ、**4**を加えて、しっかりとあえる。

博多屋台のド定番は、コスパ最強の大人気副菜！

酢キャベツと パリパリ鶏皮

これで
作るよ

フライパン

みんなのコメント

えー！ 今まで
鶏皮はずっと捨ててた。
今度から食材として
活用しないとっ

みんなのコメント

キャベツに
合うんですよねー。
懐かしい。地元の味、
うちで再現してみます

お肉 バンザイ！

美味しくて使える鶏皮、 まさか捨てとらん!?

むね肉をまとめ買いしたとき(p.31)に、皮は全部とっとって冷凍しときます。使いたいときにちょこっと使えて、スープのだしにもなって本当に便利。香ばしく焼いた鶏皮をキャベツと一緒に食べてみて。

材料 2～3人分

鶏皮	5枚(120g)	**A** しょうゆ	小さじ1と1/2
キャベツ	1/8個		白だし	大さじ1
こめ油	適量		酢	75㎖
			塩	小さじ1/2
			砂糖	大さじ1と1/2
			水	30㎖

作り方

1 キャベツは手で食べやすくちぎり、氷水につけておく。食べる直前にざるに上げてしっかりと水きりする。

脂のこそぎ方は「まい飯MEMO」を参考にして。

2 鶏皮は内側の脂を包丁の背でしっかりこそぐ。フライパンに油を引いて、鶏皮を脂をこそいだほうを下にして広げ入れて並べ、火にかける。

脂がびゃーんと出るので、シートでガードするよ！

3 クッキングシートをかぶせ、ときどきフライ返しで上からギュッと押さえる。途中で返し、様子を見ながら両面がカリカリになるまで焼く。

4 **A**をよくまぜ合わせてたれを作る。

5 **1**を器に広げ、**4**をかけて**3**を食べやすい大きさに切ってのせる。好みで一味とうがらしを振って、ゆずこしょうを添えても。

まい飯MEMO

鶏皮の内側の脂は、包丁の背を斜めにねかしてすーっとこそぎとる。ここで脂をとり除かないと油がはねるのでていねいにやってみて。

薬味はお好みで増やしまくって

鶏皮の薬味盛り

これで
作るよ 〉 鍋

みんなのコメント
鶏皮の脂を
こそぐの知らなかった〜。
薬味たっぷりで
絶対美味しいやつやん。

みんなのコメント
鶏皮って
こんな食べ方が
あったんですね。
今度から絶対捨てない。
やってみます！

お肉
バンザイ！

ゆでるとぷるん。
晩酌にもってこいの一品に

焼いてる元気がないときはさっとゆでて
薬味あえに。コスパがいいのにちょっと
気の利いた居酒屋さんみたいなメニュー
の完成です。練りがらしをゆずこしょう
におきかえても美味しいよ。

材料 2〜3人分

鶏皮	5枚(120g)	Ⓐ	酒	大さじ1
みょうが	1個		塩	小さじ1
青じそ	5枚	Ⓑ	みりん	小さじ1
にんにく	1かけ		白だし	小さじ2
ねぎの白い部分	1/2本		酢	小さじ2
			練りがらし	小さじ1/4
				(好みで)

作り方

鶏皮の脂のこそぎ方は p.53の「まい飯MEMO」を参考にして。

1 鶏皮は内側の脂をこそぐ。鶏皮がつかるくらいの水にⒶを入れて火にかけ、沸騰したら鶏皮を入れて15分ゆでる。

とったねぎの芯はおみそ汁やいため物に使ってね。

2 にんにく、みょうが、青じそはせん切りに、ねぎは芯をとって白髪ねぎにする。

水にさらしてシャキッとさせて。

3 みょうが、ねぎは水につけて軽くもみ、3分ほどおいてざるに上げる。

4 鶏皮がゆで上がったら冷水で洗う。水けをきって細切りにする。

5 ボウルにⒷをまぜる。**4**の鶏皮と**2**のにんにくを入れてまぜる。

6 **3**の水けをしっかりふいて、**2**の青じそとともに**5**に加えてあえる。

カリッと焼くのがうまい、焼酎にぴったりつま♡

豚バラ山いも巻き

これで
作るよ > フライパン

みんなのコメント

美味しそう！😋
なすの肉巻きはするけど、
山いも皮ごととは！
やってみます🤎🤎😋

材料 2〜3人分

豚バラ薄切り肉	6枚
山いも	13cm（130g）
白だし	大さじ3
塩	適量
あらびき黒こしょう	適量
片栗粉	適量
こめ油	大さじ2
青じそのせん切り	3枚分
みょうがの小口切り	2個分
レモンのくし形切り	1切れ

作り方

1 山いもは皮つきのまま縦半分に切り、それぞれ3等分に切ってスティック状にする。

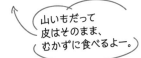

山いもだって
皮はそのまま、
むかずに食べるよー。

2 豚バラ肉を端からくるくると巻く。全体に塩、こしょうを振ってから片栗粉を薄くまぶし、ぎゅっとにぎってなじませる。

3 フライパンに油を熱し、**2**を巻き終わりを下にして並べ、肉がカリッとなるまで転がしながら全体をしっかり焼く。出てきた脂はキッチンペーパーでふきとる。白だしを加えてからめながら焼く。

仕上げのレモンは
必須ですな。

4 器に盛り、青じそ、みょうがをかけて、レモンをしぼる。

お肉
バンザイ！

山いもは生食できるから、肉が焼ければ◎

巻き巻きレシピは世の中に数あれど、生食できる野菜に巻きつけるのが失敗しないコツ。ときどき転がしながら美味しそうな焼き目をつければ完成！

トースターで簡単！
巻いて、焼いて、とろ〜り絶品
豚バラとまチ巻き

これで作るよ → トースター

材料 4本分

豚バラ薄切り肉	6枚
ミニトマト	12個
塩	適量
あらびき黒こしょう	適量
ピザ用チーズ	たっぷり
青じそ	3〜4枚

作り方

1 豚肉は長さを半分に切る。青じそは重ねてくるくる巻いてせん切りにする。

2 トマト1個に豚肉1切れをきつめに巻く。残りも同様にする。3個ずつ竹ぐしに刺して、塩、こしょうを振る。

3 トレーにアルミホイルを敷いて2を並べ、トースターで7分（230度めやす）焼く。

4 やけどしないように気をつけながらいったんとり出し、全体にチーズを散らしてさらに3分焼く。

チーズの量はたっぷりがいいんじゃない〜!?

5 器に盛って溶けたチーズもかけて、青じそをのせる。

たっぷりの青じそがいい仕事してくれるっちゃん♡

みんなのコメント

たまらん🖤🖤🖤🖤🖤 こりゃヤバいですわ😍 最高のレシピをありがとう！ めちゃ嬉しい🖤

トースターでできるのがいいですね👍

お肉バンザイ！

焼き鳥屋さんのレシピを再現

大好きなお店のメニューをトースターで作れるようにアレンジ。アルミホイルを使えば焦げる心配も少なく、洗い物も少なくなっていいことずくめ。

野菜たっぷりおかず

肉料理以上に、たっぷり食べてくれる野菜おかず。
マヨネーズとあえたり、チーズをかけてカリッと
焼いたり、野菜のうまみを引き出しながら
子ども好みの味に寄せていくことが
熱烈おかわりコールにつながってるのかも。

野菜の扱いで大切にしていること

その❶ 野菜の皮は捨てません

皮つきのまま使う
栄養満点な野菜の皮は、めったなことがないかぎりつけて調理。むく時間も短縮できます。流水でよーく洗って。

食材として活用する
皮をむいた場合は、漬け物(p.100)やきんぴらにして使いきり。もったいないけん全部使うのがまい飯スタイル。

その❷ 食感や香りには鬼ほどこだわる

あえ物に使う野菜は氷水でしめる
加熱した野菜をナムルにしたりそのまま食べたりするときは、いったん氷水でキュッ！食感がめっちゃよくなる！

薬味をたっぷり使う
香りも食感もぐっとよくなるので、私の料理は薬味の登場回数多め。もちろん水や氷水でシャキッとさせて。

その❸ 規格外野菜を使う

宅配野菜「ロスヘル」を愛用中
「傷あり」「ふぞろい」などの理由で捨てられてしまう野菜を救出する企業理念に賛同。定期便なところも◎。

旬を感じるわくわく感を大切に
箱をあけると、愛情いっぱいに育てられた野菜たちがぎゅっと詰まっています。土つきがあるのも嬉しい。

色も形も個性的。かわいいっちゃんね。

箱をあけるのがいっつも楽しみなんよね〜。

形はまちまちやけど、とっても美味しい♡

大切なレシピを教えてくれてありがとう♡

再現させてもらいました！

産地や生産者さんの説明書も入っていて安心。

フォロワーさんの野菜レシピを再現する、コラボ企画を実施！

この本の制作過程で「みんなの野菜料理を教えて！」と題して、インスタアカウント上でレシピを募集。応募条件は「ロスヘルさんの野菜をお試し購入したかた」で呼びかけました。ロスヘルさんの取り組みを少しでも多くの人に知ってもらいたくて。たくさんのご応募に感謝です！

コラボレシピの紹介はp.60へ➡

DATA

ロスヘル

形がふぞろい、傷があるなどの理由で一般の流通ルートに乗らず、廃棄されてしまうことの多い規格外の野菜を全国各地から調達し、低価格で販売している。
https://losshelp.jp

豚バラれんこん

青のりとみその香りが
あとを引く、
シャキシャキ食感

これで
作るよ

フライパン

材料 2〜3人分

れんこん	150g
豚バラ薄切り肉	300g
Ⓐ しょうゆ	小さじ1
みりん	小さじ2
みそ	大さじ2
焼き麩	
（こまかく砕いて粉末状にする）	
	大さじ4
青のり	大さじ2
いり白ごま	大さじ2
にんにくのすりおろし	
	2かけ分

作り方

1 ボウルにⒶを入れ、よく練り合わせる。

2 1を皮つきのれんこんの穴に少しずつ詰める。

指を使って
穴に押し込んで
いくといい感じ。

3 2のれんこんを1cm厚さに切って、1切れにつき豚肉1枚をきつめに巻きつける。

4 フライパンに油を引かずに3を巻き終わりを下にして並べ入れ、火にかける。途中で返し、両面に焼き色がついてれんこんに火が通るまで焼く。

しばらく焼くと豚バラから
じわーっと脂が出てくるので、
その脂で香ばしく焼いて。

ごちそうさま
でした！

野菜料理が得意なりーちゃんまん(@wakuwa_cook)さんのレシピを再現。お麩を砕いて、みそ、青のり、にんにくをまぜるという味の組み合わせに感動〜。今回は手で詰めたけど、れんこんの穴をみそだねに押し当ててうにゅっとする"からしれんこん方式"で作れるようになりたい♡

フォロワーたみ | 料理教室の先生のおうちレシピさんとのコラボレシピ

きのこドレッシングのサラダ

これで
作るよ

フライパン

材料 2〜3人分

しいたけ	40g
しめじ	50g
えのきだけ	50g
にんにくのみじん切り	1かけ分
ベーコン（厚切りタイプ）	60g
レモン	1/6個
レタス	大3枚
ポン酢しょうゆ	大さじ2
すり白ごま	小さじ1
オリーブ油	大さじ1/2

おしゃれなビジュアルなのに、
きのことベーコンで食べごたえあり

作り方

1 しいたけは薄切りにし、しめじはほぐし、えのきは1cm長さに切ってほぐす。

2 レモンは薄めのいちょう切りにし、レタスは食べやすくちぎる。ベーコンは1cm厚さに切る。

3 フライパンにオリーブ油を熱し、にんにく、ベーコンをいためる。香りが立ってきたら**1**を加え、弱火にしていためる。しんなりしてきたらポン酢を加え、火を止めてからごまを振る。

ここで油ににんにくの香りやベーコンのうまみを移してね。

4 器にレタスを盛って**3**をのせ、レモンを散らす。

ごちそうさま
でした！

たみ | 料理教室の先生のおうちレシピ(@uma.uma__recipe)さんに、かわいいサラダを紹介してもらいました。ごま風味を足してちょっとだけアレンジも。私もレモンをよく使うけれど、こんなふうに小さく切って具として使うと一気におしゃんになってすごい！わが家の定番になりそうです。

ブロッコリーとれんこんを豪快に。
コクうまな味わいに沼る一品！

これで作るよ
鍋　フライパン

ブロれん沼ッコリー

みんなのコメント

美味しそう！
早速今晩作って
みるー♡

みんなのコメント

これは
優勝です🏆
今日れんこんゲットしたので、
明日私も優勝させて
もらいます🏅🏅🏅

野菜
大好き！

歯ごたえしっかりな野菜2つで、はい優勝！

味をしっかりからませるコツは、ブロッコリーを蒸すことと、れんこんは衣をつけてしっかり焼くこと。野菜の味と濃厚マヨソースのたまらん美味しさをお楽しみください。

材料　2～3人分

ブロッコリー		1個
れんこん		170g
片栗粉		大さじ2
A	塩	小さじ1/3
	水	100㎖
B	酢	小さじ1
	水	400㎖

C	マヨネーズ	大さじ4
	練乳	大さじ2
	粒マスタード	大さじ1
	めんつゆ（2倍濃縮）	大さじ2
	にんにくのすりおろし	1かけ分
こめ油		大さじ3

下準備

ブロッコリーは「ブロッコリーの洗い方」（右ページ）と同様に洗い、食べやすく小房に分ける。茎は皮を切り落として食べやすく切る。

作り方

> ブロッコリーは
> 水にさらさず、
> 蒸したらそのまま
> ざるに上げるよ。

1 ブロッコリーは食べやすく切る。ふたがぴったりと閉まる鍋に**Ⓐ**とともに入れ、「野菜の蒸し方」（p.91）を参考に、蒸気が出たら弱火にし、2分ほど蒸す。ざるに上げて水けをきる。

2 れんこんは皮つきのまま1cm厚さの半月切りにする。ボウルに**Ⓑ**とともに入れて3分ほどさらす。ざるに上げてしっかり水けをきる。

3 ポリ袋に**2**と片栗粉を入れて振り、全体に粉をまぶす。

4 フライパンに油を熱し、**3**を並べ入れ、途中で返して両面にこんがりとした焼き色がつくまで焼く。油をよくきる。

5 ボウルに**Ⓒ**をまぜ合わせてソースを作る。**1**の水けをキッチンペーパーでしっかりふいて、**4**とともにボウルであえる。

まい飯MEMO

粒マスタードを使うけど、マヨネーズと練乳のおかげで辛みはあまり感じんよ。小さな子どもでも大丈夫。うちの子（2歳）は手づかみで食べとるよ(笑)。

> このとき野菜に
> 水けがあると味が
> 薄まるので気をつけて！

ちょっといいですか!?

317万回再生されて
4万人が保存した
ブロッコリーの洗い方

ブロッコリーってなかなかこまかなところまで洗えんっちゃけど、この方法ならすっきりきれいに。調理する前に熱めのお風呂に入れてあげる気持ちで♡

> 詰まった汚れを
> 落とすイメージで
> ふりふり。

1 大きめのボウルに約50度の湯を入れ、ブロッコリーの茎の部分を上にして2分ほどつける。ときどき横にして回しながら向きを変え、全体を湯につける。

2 2分たったら、ブロッコリーを左右に振る。湯から出してざるに上げ、余分な水けをきる。

ちょっとひと手間かかるけど、しっかり洗うことで、ブロッコリー本来のすんだ味わいになると思う。まずは一度お試しを！

「これ、ヤバッ！」って、
子どもたちから絶賛の嵐
めんたい
マヨれんこん

これで
作るよ

フライパン

みんなのコメント

れんこんの皮は
つけたままでいけるん
ですね。作ってみよ😬
キャー、美味しそう！😍

みんなのコメント

めんたいが
ないからたらこで
作ってみようと
思いまーす📸

青じそが
いい仕事してくれ
そうですね😋

野菜
大好き！

れんこん好きがれんこん好きに捧ぐ、
何度も作るわが家の王道

明太マヨは私も子どもたちも大好きな鉄板の味つけな
んやけど、青じそを入れてのりをのせて食べると風味
がいっそうアップして美味しいっ。シャキシャキした
歯ごたえが楽しい、大人気のおかずです。

材料 2〜3人分

れんこん		200g
片栗粉		大さじ2
Ⓐ	酢	小さじ1
	水	400㎖
Ⓑ	マヨネーズ	大さじ2
	バター（室温にもどす）	15g
	めんつゆ（2倍濃縮）	小さじ2
	からし明太子	40g
	青じそのせん切り	5枚分
こめ油		大さじ4
刻みのり		適量

作り方

1

れんこんは皮つきのまま1㎝厚さに切る。ボウルにⒶとともに入れて3分ほどさらす。ざるに上げてしっかり水けをきる。

> 皮はむかずに、そのままざくざく切ってって。切るときいい音〜。

2

ポリ袋に**1**と片栗粉を入れて振り、全体に粉をまぶす。

まい飯MEMO

とにかく歯ごたえを感じたい「食感オバケ」なので、れんこん大きめで作りましたが、大きさを半分にしてもいいです。薄切りにするよりも厚めのほうが焼きやすくて失敗しないよ。

3

ボウルにⒷを入れ、フォークなどでまぜてソースを作る。

> このとき明太子は薄皮ごとほぐします。

> 盛りつけのときにのりをのせると風味がアップ！

4

フライパンに油を熱し、**2**を並べ入れ、途中で返して両面にこんがりとした焼き色がつくまで焼く。油をよくきって**3**に加えてさっとあえる。器に盛り、のりをのせる。

しっかり下味つけてカラッと揚げる。
おかずに、おやつに、感激の1食45円

ダシじゅわん
大根フライ

これで
作るよ

フライパン

みんなのコメント

小さめに切って
パクパク😀
娘が「少し玉ねぎみたい〜」
と言って気に入って
います😀

みんなのコメント

白だしとみりんに
つけるだけで煮物風の
味をつけるの天才か!?
😨

野菜
大好き！

**大根さえあれば作れるおかず。
おやつがわりにもなるけんね〜**

煮物やおでんで食べきれなかった大根を使うのもおす
すめ。あまりがちな煮物類がフライに変身！ パン粉
がつきにくかったら、マヨネーズを増やしてみて。

材料 2〜3人分

大根	10cm	**Ⓐ**	白だし	大さじ1
小麦粉	大さじ4		みりん	大さじ1
パン粉	適量	こめ油		適量
マヨネーズ	大さじ1			

作り方

大根の皮はほかの料理でも使えるけん捨てんで〜。
（p.100の「無限大根の皮」へ）

均等につくように
バランスよくなじませて。

1 大根は1cm厚さの半月切りにする。

2 ポリ袋に**1**と**Ⓐ**を入れ、なじませるように20分おく。ポリ袋の端をキッチンばさみで切って大根から出てきた水分とともに汁けをきる。

3 別のポリ袋に**2**を入れ、マヨネーズと小麦粉を加えてもみ、しっかりなじませる。

パン粉はボウルでつけると
飛び散らないから便利！

4 ボウルにパン粉を入れて**3**をいくつか入れながら、大根にしっかりと押しつけてパン粉をつける。

5 フライパンに約1cm深さの油を熱し、**4**を入れ、途中で返して両面にしっかり揚げ色がつくまで揚げて油をきる。器に盛り、あればパセリのみじん切りを散らす。

まい飯MEMO

大根が厚すぎると味が入りにくいので、だいたい1cm以下の厚さにするのがポイント。袋のままひと晩おいて味をしっかりつけてもいいです。

白だしとバターがいい仕事してるんです。
子どもがにんじんをぽりぽり食べる奇跡！

バタにんだしフライ

これで
作るよ
フライパン

みんなのコメント

作ってみました！
だしの味が
しっかりついてて
冷めてもいけました。
お弁当に作ります👍

みんなのコメント

にんじん嫌いな
娘が絶賛！
リピ決定✌️

むっちゃ
美味しそうぅぅぅ
😋😋😋

野菜
大好き！

数あるにんじんレシピの中でも
このフライが一番人気！

世の中の大半の子どもはにんじんをよう食べんと思
いますけれど、これはうちのちびっこたちが爆食い
してくれて、母がびっくり！「1本じゃ足りんよ〜」
って言われるんで、わが家では3〜4本分まとめて
作ってます。お馬さん並みに食べてくれて嬉しい。

材料 2〜3人分

にんじん	1本
白だし	大さじ1
片栗粉	大さじ3
バター	5g
こめ油	大さじ2〜3

作り方

1
にんじんは皮つきのまま、7〜8cm長さに切ってから、1cm角の棒状に切る。

火が通りやすそう〜ってサイズで切ればいいです。

2
ポリ袋に**1**と白だしを入れて軽くなじませ、10分ほどおく。片栗粉を入れて振り、全体に粉をまぶす。

まい飯MEMO

カロリーを気にせん人は、バターをからめるときに砂糖小さじ1をひと振りして一緒にからめてもおいしいです。このレシピ、じゃがいもで作ってもイケますよ〜。

3
フライパンに油を熱し、**2**を入れて全体にこんがりとした色がつくまでときどき返しながら焼いて火を通す。

4
仕上げにバターを加えて、味をからませる。器に盛り、あればパセリを添える。

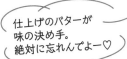

仕上げのバターが味の決め手。絶対に忘れんでよー♡

焼くだけ簡単、さつまいも界のスター誕生！
甘じょっぱ さつまロースト

みんなのコメント
簡単で
美味しそう🍠
今回もまねさせて
いただきます。

これで
作るよ

オーブン

野菜
大好き！

秋から冬のおいもの季節に
鬼ほど作ってる"おやつまみ"

やる気０％でも作れる手軽さで、さつまいも
界ナンバーワンの手軽さとうまさなのでは!?
と、本気で思っとる。冷めてもカリカリキー
プしてくれるのもいいところ。マヨネーズは
ちょっとだけつけて食べるのがおすすめ。お
やつにも、おつまみにももってこい。いろん
な品種で試すのも楽しいよ～。

みんなのコメント
さつまいも
好きにはたまらない
一品！ いつもアイデアが
素晴らしいですね😊

さつまいも
大好きの私♡
これは早速
作るしかない！

材料 2～3人分

さつまいも	2本(320g)
オリーブ油	適量
砂糖	小さじ2
粉チーズ	適量
塩	適量
マヨネーズ	適量

作り方

1

さつまいもは皮つきのまま、細長く食べやすく切り、水にさらす。透明になるまで水を入れかえてしっかり洗う。ざるに上げて水けをきる。

> ちょっと太めの
> スティック状になればOK。

> ガリッガリ、サクッサクッを
> 楽しむなら、粉チーズは多めの
> ふりふりを推奨します!

2

天板にクッキングシートを広げ、オリーブ油、粉チーズ各適量、砂糖小さじ1、塩少々を振る。

3

1を重ならないように並べ入れる。

> クッキングシートに
> こぼれたチーズもいい感じに
> 焼けるけん「追いふりふり」も
> 思い切ってやってほしいところ。

4

オリーブ油、粉チーズ各適量、砂糖小さじ1、塩少々を振って、220度(予熱なし)のオーブンで15分焼く。シートにこぼれたチーズとともに器に盛る。マヨネーズを添えて、あればパセリも添える。

じゃがいものせん切りをガレット風に焼いて、
博多味バージョンで食べてみて

カリッとじゃがピ

これで
作るよ

電子レンジ　フライパン

みんなのコメント

わが家の
子どもたちに
ドンピシャなメニュー。
マンネリ気味で行き詰まっていた
私に、救済の手をありがとう
ございます😊

みんなのコメント

娘が好きな
じゃがいもレシピ！
嬉しいです✨

これは家族が
喜びそう♡👏👏

**野菜
大好き！**

大好きなじゃがいもを
ピザみたいにわいわいつまもう！

「じゃがいものガレット」というおしゃれなフランスの料理をわが家味にアレンジ。食べるときはちぎってもいいけど、ピザカッターで切るのも◎。めんたいソースはさらさらしとるけん、つけて食べてもイイ感じ。お好みでどうぞ。

材料 2～3人分

	じゃがいも	4個		**C** マヨネーズ	大さじ2
A	塩	2つまみ		めんつゆ（2倍濃縮）	大さじ2
	ピザ用チーズ	50g		からし明太子	40g
	片栗粉	大さじ3		こめ油	大さじ2
	かつお節	1袋		細ねぎ（1cm幅の小口切り）	適量
B	バター	15g		刻みのり	適量
	にんにくのすりおろし	1かけ分			

作り方

めやすは
ボウルの水が透明に
なるくらいまで。

片栗粉とチーズが
つなぎがわりになるよ。

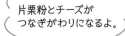

1 じゃがいもは皮つきのまま、スライサーでせん切りにして、水にさらす。水を入れかえてしっかり洗う。

2 ざるに上げて、両手でしっかり水けをしぼる。

3 ボウルに**2**を入れ、**A**を加えて手でまぜる。

4 耐熱容器に**B**をまぜて20秒レンチンする。**C**と合わせて明太子をほぐしながらまぜ、ソースを作る。

5 フライパンに油大さじ1を熱し、**3**を広げ入れる。焼き色がついたらひっくり返してフライ返しでときどき押さえながら焼く。

6 焼き上がったら鍋肌から追い油大さじ1をしてもう一度返し、両面を2回ずつカリッと焼き目がつくまで焼く。皿に盛って**4**を広げて塗り、ねぎとのりをかける。

濃厚きのこクリームを包んだ、
ほっぺた落ちる極上お焼き♡
もっチーズポテト

これで
作るよ

鍋　　フライパン

みんなのコメント

あっつアツ
とろーん😍
最強のじゃがいもの
使い方✨

みんなのコメント

期待を
裏切らない
美味しさでした!!

これ絶対
美味しいやつ😋

**野菜
大好き!**

得意のじゃがいもメニューの
最終兵器がこちらです

ほかの料理に比べたら、正直時間も手間もか
かるんやけど、ほっぺが落ちる美味しさやけ
ん「もっチー作って〜♡」のリクエストが絶
えません。でも本当は、私が食べたくて作っ
てる(爆)。包むときは少々中身が見えても大
丈夫!幸せの味しかせんよ〜。

材料 8個分

じゃがいも	小6個		粉チーズ	大さじ3
Ⓐ 玉ねぎのみじん切り	1/2個分		小麦粉	大さじ1
エリンギ、			牛乳	100㎖
しめじなどのきのこ類			**Ⓑ** バター	20g
（こまかく切って合わせる）	90g		砂糖	小さじ2
塩	小さじ1/3		塩	小さじ1/3
バター	20g		片栗粉	大さじ8
にんにくのみじん切り	2かけ分		ピザ用チーズ	90g
塩	2つまみ		こめ油	適量
あらびき黒こしょう	適量			

下準備

1．鍋にじゃがいもとかぶるくらいの水を入れて火にかけ、竹ぐしがスーッと通るくらいまで15分ほどゆでる。

2．湯をきって皮をむき、適当な大きさに切ってからボウルに入れ、フォークなどでつぶす。 ※じゃがいもは、ゆでる前に包丁で横にぐるりと1周、浅い切り目を入れておくと、皮がむきやすくなる。

作り方

> 全体がもったりとまとまったら、きのこクリームの完成！

1 フライパンにバターを入れて熱し、にんにくを香りが立つまでいためる。**Ⓐ**を加えて、しんなりするまでいためる。

2 小麦粉を振り入れていため、粉っぽさがなくなったら牛乳を加えて全体をなじませる。

3 塩、こしょう、粉チーズを加えまぜ、とろみがついたら、火からおろし、そのまま冷ましておく。

> くるくる回しながら包むのがコツ。チーズは多めが美味しい！

4 下準備のじゃがいものボウルに、**Ⓑ**を加えてまぜる。片栗粉も加え、手でしっかりまぜる。

5 8等分して、手のひらに直径10㎝、厚さ1㎝くらいの円形に広げ、1枚に**3**とチーズ各1/8量を包む。手で押さえながらまるい形にととのえる。残りも同様にする。

6 フライパンに約1㎝深さの油を熱し、**5**を並べ入れ、途中で返して両面にこんがりとした色がつくまで揚げ焼きにする。

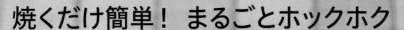

焼くだけ簡単！ まるごとホックホク

じゃがいもロースト

これで
作るよ　鍋　オーブン

みんなのコメント

じゃがいも
大好きな娘が
「じゃがいもレシピで
いちばんおいしい」と悶絶
してました（笑）。

みんなのコメント

じゃがいも好き
＆シンプルな味つけが
好きな娘が大絶賛!!
わが家の定番料理に
なりました🥔

まいさんの
くし形切りバージョンの
レシピで作ったことがあ
ったけど、このつぶすほうが
タイプでした😍

**野菜
大好き！**

料理が苦手でも絶対作れる
むかない、切らない、つぶすだけ！

じゃがいもは、まるごとゆでる＆切らずにつ
ぶす。どんだけラクしたいんかって話ですが、
やぶれた皮がパリッと焼けて香ばしさが爆誕
しています。ここがポイントやけん、皮つき
で作らないけんよ〜（笑）。

76

材料 6個分

じゃがいも	6個
韓国牛肉だし（粉末）	小さじ1
オリーブ油	適量
粉チーズ	適量
塩	適量
あらびき黒こしょう	適量

作り方

1

じゃがいもは「もっチーズポテト」（p.74）を参考にして15分ほどゆで、ざるに上げて湯をきる。

ガーリックオイルを使うのもあり。違った味が楽しめるよ。

2

天板にクッキングシートを広げ、オリーブ油、粉チーズ各適量をざっと広げ、塩適量、こしょうを振る。

強く押すとぐしゃぐしゃになるけん、力かげんに注意。真上からスッと押してみて。

3

1を並べ、耐熱ボウルの底などで軽くつぶす。

まい飯MEMO

味つけの韓国牛肉だしは粉末タイプの「ダシダ」を使っています。コンソメ味でも同じように作れますよ。じゃがいもは、べちゃっとしないように、ゆで時間が長くならないよう気をつけて。

4

さらにオリーブ油、粉チーズ、塩各適量、韓国牛肉だしを振る。200度（予熱なし）のオーブンで15分焼く。

もちろん好みでどんどん追いチーズ推奨♡

卵とじゃがいものごろっごろスタイル。
見た目も華やかなポテサラです

豪快たまポテ

これで
作るよ　
鍋　フライパン

みんなのコメント

ヤバい
うまそう😍

すごい！
練乳を料理に使うか！
プロだなぁー。
美味しそう😋

**野菜
大好き！**

じゃがいもの相棒は
半熟ゆで卵に決まり！

練乳はマヨネーズとの相
性抜群。コクが増すすご
いやつなので、この機会
にご購入をぜひ。味は変
わるけど、砂糖小さじ1
で代用もできるよー。

材料　2〜3人分

じゃがいも	4個
卵	3個
片栗粉	大さじ2

Ⓐ	ベビーチーズ	
	（小さめの角切り）	4個
	マヨネーズ	大さじ6
	練乳	小さじ2
	塩	2つまみ
	青のり	適量
こめ油		適量

下準備 卵は下記の「ゆで卵の作り方」を参考にしてゆでて殻をむく。

作り方

1 じゃがいもは皮つきのまま小さめの一口大に切る。

2 ポリ袋に**1**と片栗粉を入れて振り、全体に粉をまぶす。

3 フライパンに多めの油を熱し、**2**を入れて転がしながら5分ほど、中まで火が通るように焼き、油をきる。

4 ボウルに**Ⓐ**をまぜる。

よーくからむように、下のほうからぐるっとね。

5 **3**とゆで卵を加えて、スプーンなどでざっくりまぜる。

甘いのがお好きなかたは、練乳多めもありかと思います♡

6 ソースがからんだら卵を横半分にざっくり切り、味をみて好みで岩塩、練乳を加える。

🖐ちょっといいですか⁉

ずたぼろにならない
ゆで卵の作り方

ポイントは沸騰したお湯に冷えた卵をそーっと入れること。卵が割れずにきれいに殻むきができるよ。

1 鍋に湯を沸かし、沸騰したところに冷蔵庫から出したばかりの卵を静かに入れる。

2 少し隙間をあけてふたをして、8分ゆでる。

3 流水でしばらく冷やし、そのまま10分おいてから、水の中でそっと殻をむく。

とぅるんっ♡

ゆで卵っていろんな作り方があるけど、私はこの方法で、ずたぼろ知らず。

見た目は普通でも、まい飯史上究極の
じゃがいもレシピ（だと自分では思ってる）！

絶対痩せん
ポテサラ

これで
作るよ 鍋

まあさのコメント

練乳の
隠し味を知っているとは
さすがだわ〜。
まじリスペクト👏

**野菜
大好き！**

**家庭の味を目指して作った
昔ながらのほっとするおかず**

なんだかんだとじゃがいも料理ばかり飽
きずに作ってきましたが、個人的に気に入
っているのがこのポテサラ。昭和の普通
のおうちの味のポテサラがいちばん好き
な私。練乳のやさしい甘さがポイントです。

材料 作りやすい分量

じゃがいも	10個	Ⓐ	水	400㎖
ハム	5枚		塩	小さじ1
きゅうり	1/2本	Ⓑ	ベビーチーズ（小さめの角切り）	
にんじん	1/3本			4個
玉ねぎ	1/4個		マヨネーズ	大さじ10
塩	適量		練乳	小さじ2
あらびき黒こしょう	適量		粒マスタード	小さじ1と1/2

作り方

1 鍋にじゃがいもと塩を入れ、「もっチーズポテト」(p.74)の下準備を参考にしてゆでる。ざるに上げて湯をきる。

2 きゅうりは薄い半月切り、にんじんは薄いいちょう切り、玉ねぎはみじん切りにする。ボウルにⒶとともに入れて15分ほどさらし、ざるに上げて水けをよくきる。ハムは適当な大きさに切る。

食感が残るよう、粗めにつぶします。

3 **1**の皮をむいてつぶす。塩とこしょうを振ってまぜ、あら熱をとる。

時間がない場合は、そのままでもOK。

おなじみの練乳、コクと甘みを出すためにここでも活躍ー♡

4 別のボウルにⒷを合わせる。

5 **2**と**3**を加え、しっかりまぜる。冷蔵室で休ませると味のなじみがよくなる。

まい飯MEMO

翌朝にサンドイッチにしたり、チーズをのせて食べたりすることを見越して、いつも多めに作ります。ウスターソースやとんカツソースをかけても美味しい。

揚げたてをサクッと食べる?
ゆで汁にくぐらせじゅわんと食べる?

白だしポテト

これで
作るよ

鍋　　フライパン

みんなのコメント

美味しく
でき上がって、
つまみ食いが
止まりません!

斬新!! 私も
やってみます。

材料 2〜3人分

じゃがいも		5個
A	白だし	100mℓ
	水	500mℓ
B	小麦粉	大さじ4
	片栗粉	大さじ4
	ベーキングパウダー	
		小さじ1/2
	こめ油	大さじ1
	冷水	50mℓ
	塩	1つまみ
	あらびき黒こしょう	少々
こめ油		適量

みんなのコメント

すごいですね。
だしで食べるのは
初めて。中はほくほくで
美味しそう〜😋

作り方

1 じゃがいもは皮つきのまま、大きめのくし形切りにして、10分ほど水にさらす。

ゆですぎ注意。
ゆで汁は食べるときの
つけ汁にもなるので
捨てないでね♡

2 鍋に**A**を煮立て、じゃがいもを3〜4分ゆでる。網じゃくしなどでとり出してざるに上げ、汁けをきる。

3 ボウルに**B**を合わせて衣を作り、**2**をしっかりからませる。

じゃがいも全部を
一度に入れてOK。

4 フライパンに約1cm深さの油を熱し、**3**を並べ入れて全面にこんがりとした焼き色がつくまで転がしながら揚げ焼きにする。

そのまま食べるのはもちろん、
2のゆで汁につけて
食べてもまたよし♡

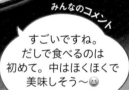

野菜
大好き!

じゃがいもを
和テイストで大人っぽく

白だしを使ってゆでるから、中まで味がしっかりしみしみ。味つきの衣をまとわせてガリガリに揚げ焼きにしたら、子どもたちが異常な食いっぷりを見せてくれました。

ザクザクとシャキシャキでお酒が進みすぎる。
気がつけば1.1万いいね♡もらえてた。感謝〜！

れんこん白だし唐揚げ

これで
作るよ

フライパン

材料 2〜3人分

れんこん	270g
白だし	大さじ3
酢	小さじ2
片栗粉	大さじ4
こめ油	適量
あらびき黒こしょう	適量
レモン（くし形切り）	適量

作り方

1 れんこんは皮つきのまま1㎝厚さに切る。ボウルに水適量をはって酢を入れ、3分ほどさらす。ざるに上げてしっかり水けをきる。

2 ポリ袋に**1**と白だしを入れて軽くなじませ、15分ほどおく。片栗粉を入れて振り、全体に粉をまぶす。

3 フライパンに約1㎝深さの油を熱し、**2**を並べ入れ、途中で返して両面にこんがりとした焼き色がつくまで揚げ焼きにして、油をきる。

4 器に盛り、こしょうを振って、レモンを添える。

みんなのコメント
わぁ〜美味しそうです😊 レモンでさっぱり。暑い季節に最高ですね！

野菜
大好き！

**れんこんの食感がごちそう！
こんなシンプルなつまみも大好き**

根菜との相性は抜群やけん、またまた登場の白だし。れんこんは厚めに切ってから袋の中で味をしっかりしみさせます。シャキシャキ食感を楽しみながら、白ワインも合いますよ〜。

ざっくざくの大根おろしをのせ、
レモンもしぼってさわやかに

なすの唐揚げ

これで
作るよ

フライパン

みんなのコメント

畑に
たくさんなすが
できているので
作ります😎

これは
ヤバいです〜。
ほっぺ落ちそう
です〜〜〜♥

材料 2〜3人分

なす		2個
片栗粉		大さじ5
A	水	30㎖
	白だし	大さじ3
	しょうがのすりおろし	
		1かけ分
こめ油		適量
大根		5㎝
細ねぎ（1㎝幅の小口切り）		1本
レモン		1/6個
ポン酢しょうゆ		適量

みんなのコメント

家になすが
あったので早速
作りました、美味しい！
2個じゃ全然足りなかった
です😊

作り方

1 なすは乱切りにする。大根は鬼おろしですりおろす。

2 ポリ袋になすと**A**を入れて振り、少し押さえてだしを含ませる要領で袋の空気を抜いて袋の口を結び、20分ほどおく。ポリ袋の端をキッチンばさみで切ってなすから出てきた水分とともに汁けをきる。

できるだけ空気を抜いて密閉することでなすに味をしみさせます。

3 別のポリ袋に**2**を入れ、片栗粉を加えて振り、全体に粉をまぶす。

4 フライパンに約1㎝深さの油を強めの中火で熱し、**3**を入れる。途中で返して両面をこんがりとした揚げ焼きにして油をきる。

5 器に盛って**1**の大根おろしをのせ、ねぎを散らし、ポン酢をかけてレモンを添える。

野菜大好き！

じゅわんと美味しいなすが食べたくなったらこれ

夏〜秋にかけてお安くなるなすは、味をしっかりしみさせてガリッと揚げ焼きにするのがお気に入り。衣にしょうがのすりおろしを入れるとさわやかです。

キンキンに冷やすほどにいい感じ。
「お店の味やん……」と旦那さんがうなった

トマトの
さっぱり漬け

これで
作るよ
　　　　鍋　　電子レンジ

材料　作りやすい分量

ミニトマト		15～17個
Ⓐ	白だし	大さじ2～3
		（好みで調整を）
	酒	大さじ1
	酢	大さじ2
	砂糖	大さじ1と1/2
いり白ごま		2つまみ
青じそのせん切り		2枚分

みんなのコメント
> 子どもたちが
> ドハマリして
> もう何回作ったか😂
> すごく簡単で
> 最高です🖤

作り方

1 鍋に湯を沸かしてトマトを入れる。皮に割れ目が入ったら氷水にとって皮をむき、器に入れる。

> 10秒くらいさっと湯にくぐらせるイメージです。

2 耐熱容器にⒶを合わせ、ラップはかけずに2分レンチンする。

> キンキンに冷やすのが吉ですよー。

3 熱いうちに**1**に回しかけ、粗熱をとる。冷蔵室で冷やし、食べるときに青じそをのせてごまを振る。

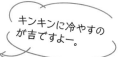
野菜
大好き！

味がしみた冷やしトマトは
暑い季節にぴったり

茶色いおかずがほとんどやけど、たま～に彩りのいいおかずも作ります(笑)。和テイストのトマト漬けは、次の日でも味がしみて美味しい。トマトの皮に割れ目が入らないときは、つまようじをお湯の中で少し刺すとむきやすくなるよ。やけどには注意してね。

アレンジ無限の鶏むね肉に
ごぼうを合わせた変化球レシピ

たれじゅわんな
鶏ごぼレモン

これで
作るよ

フライパン

みんなのコメント
食感もよくて
さっぱりしていて、
いくらでも食べられ
そうですね😊

これは
白米ススム、
ススム〜😋

材料 2〜3人分

鶏むね肉		大1枚(330g)
ごぼう		1本
片栗粉		大さじ3
酢		小さじ1
Ⓐ	マヨネーズ	大さじ1
	酒	大さじ1/2
	塩	2つまみ
	砂糖	小さじ1/2
Ⓑ	めんつゆ(2倍濃縮)	大さじ2
	みりん	大さじ1
	トマトケチャップ	大さじ1
	にんにくのすりおろし	
		1かけ分
こめ油		大さじ2
レモン		1/4個
レタス(食べやすくちぎる)		適量

下準備

鶏肉は「鶏むね肉の下処理」(p.33)
を参考にして開き、1〜2cm角に
切る。Ⓑはまぜる。

みんなのコメント
美味しそうすぎて、
おなかが
グゥ───って鳴った。
満員電車で😌

野菜
大好き!

食物繊維がとれる
ごぼうたっぷりおかず

濃いめのたれをからめても、食べ
るときにレモンをバッシャーとか
けるから、さっぱりイケます。下
に敷く野菜は、ちぎりレタスでも
キャベツのせん切りでも、好きな
葉物でお試しを。

作り方

1 ポリ袋に鶏肉とⒶを入れても
み込み、15分ほどおく。

2 ごぼうは5cm長さに切ってか
ら細切りにする。ボウルに水
をはって酢を入れて3分ほどさら
す。ざるに上げて水けをきる。

3 **1**にごぼうを加えてざっとも
んで片栗粉も加えて振り、全
体に粉をまぶす。

4 フライパンに油を熱し、**3**を
食べやすい大きさにまとめて
並べる。こんがりした焼き色がつ
くまで両面をよく焼き、余分な油
はキッチンペーパーでふく。

ごぼうはこまかく切る。
火の通りが早いよ。

5 まぜたⒷを回し入れ、全体に
からめる。

6 器にレタスを盛って**5**をのせ、
好みでいり白ごまを振ってレ
モンを添える。

休みの前の日推奨！
最高ににんにくくさいんやけど……んまい♡

食べる薬味たたき

みんなのコメント

今日はがまん
しようと思ったけど、
今これを見て、もう口が
焼酎になってます！

もうかつおは
いらんかも。
薬味だけ食べたい😍

材料 2〜3人分

かつおのたたき		1パック(180g)
Ⓐ	塩	小さじ1
	水	400㎖
レモン汁		1/4個分
Ⓑ	玉ねぎの薄切り	1/2個分
	みょうがのせん切り	2個分
	青じそのせん切り	3枚分
にんにくの薄切り		3かけ分
細ねぎ(1㎝幅の小口切り)		適量
ポン酢しょうゆ		適量

作り方

1 ⒶにⒷを入れて10分ほどさらす。ざるに上げて水けをしっかりきる。

2 ボウルに**1**を入れてレモン汁を加え、軽くあえる。

3 器に盛り、かつおのたたきをのせ、にんにくとねぎを散らし、ポン酢をかける。

野菜
大好き！

かつおを食べる日は、
薬味を4〜5種類は準備します。

まい飯史上最高ににおいます(笑)。けどたまに無性に食べたくなって作る、びっくりするほどうまいやつ！ さぁ、お迎えも晩ごはん作りも終えた金曜夜はいったんこれで自分におつかれさん。飲むよー！

まい飯MEMO

かつおのたたき1パックににんにく3かけって多いよねwやけど高知の友人いわくこれが当たり前で、実際食べると「めっちゃうまい！」ってなるんよー。

切って漬けてほったらかしとくだけで、
みんな（と私）のテンション爆上がり

日もち
冷蔵室で約5日間。
漬けた翌日から食べごろ。

シャキシャキ酢玉ねぎの
しょうゆ漬け

これで
作るよ 鍋

新玉ねぎあるので、
早速作ってみます😊
美味しそうなレシピが
たくさんで
ありがたいです✨

みんなのコメント

めちゃくちゃ
美味しそうですね!!
お酒が飲みたく
なりました。

野菜
大好き!

**玉ねぎだけでなく
漬け汁まで美味しい**

新玉ねぎの季節は必ず作るわが家の定番。
家族からのリクエストも多いから普通の
玉ねぎでも同じレシピで作ります。生玉
ねぎの威力で口臭やばいけど、美味しさ
にはかなわん（笑）。

材料 2〜3人分

新玉ねぎ（もしくは玉ねぎ）		2個
青とうがらし（あれば）		4本
Ⓐ	しょうゆ	170㎖
	酢	100㎖
	砂糖	70g
	水	150㎖

まい飯MEMO

そのままつまむのはもちろん美味しいんやけど、肉や魚にかけて一緒に食べたり、韓国のスパイシーなじゃがいもラーメン「カムジャ麺」にのせて食べるのもおすすめ。

作り方

1
玉ねぎは食べやすい大きさに切る。

2
青とうがらしはざく切りにする。耐熱容器に**1**とともに入れる。

> 玉ねぎだけでも十分おいしいけど、わが家は青とうマスト！

3
小鍋に**Ⓐ**を合わせて火にかけ、さっと煮立たせる。

> あっつあつのやつをザーッとかけてね。

4
熱いうちに**2**にかけ、あら熱がとれたら冷蔵室で冷やす。

> その日食べたいって場合、3時間は漬けとって。

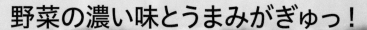

野菜の濃い味とうまみがぎゅっ！

小松菜ナムル

これで
作るよ  鍋

みんなのコメント

めちゃくちゃ
美味しくて週4で
作ってます〜（笑）。
2歳息子もモリモリ
食べてくれます。

みんなのコメント

日もち
するかな？と思い
たくさん作りましたが、
ペロンですね😆

ボウル抱えて
食べたいくらい
美味しかったです。

野菜
大好き！

小松菜、玉ねぎ、にんじんの
食感のコントラストを楽しんで

本場韓国では、ナムルは手であえるのが基本
のキ。食材が傷つかず、味がしっかりなじむ
からよと教えてもらってから、ずっとそうして
きた。味つけは、白だしがなければめんつ
ゆやしょうゆでも良きです。味見しながら足
してみて。お酒が進む、まい式ナムルです。

材料 2〜3人分

小松菜	2束	**Ⓐ**	塩	2つまみ	**Ⓑ**	白だし	小さじ1
玉ねぎ	1/2個		水	200㎖		塩	小さじ1
にんじん	1/3本					砂糖	小さじ2
にんにくのみじん切り 1かけ分						いり白ごま	適量
しょうがのせん切り 2かけ分						ごま油	大さじ5

作り方

> 茎のほうを下に広げ、やわらかい葉をのせて蒸すといい感じ。

> 火を通すのは小松菜だけ。ほかの野菜は生のまま使うよ。

1 小松菜は長さを半分に切る。鍋に**Ⓐ**とともに入れ、「野菜の蒸し方」（下記）を参考に、蒸気が出たら弱火にし、2分ほど蒸す。冷やして水けをしぼる。

2 **1**を3〜4㎝長さに切る。玉ねぎは薄切りに、にんじんは5㎝長さの細切りにする。

3 ボウルに**2**とにんにく、しょうがを入れ、**Ⓑ**を加える。

4 全体がからむようにしっかり手であえる。

> 味のなじみが違うから、手を使ってあえてみて。

ちょっといいですか⁉

うまみと栄養を逃さない！

野菜の蒸し方

小松菜やほうれん草などの野菜は、ゆでずに蒸して、食材そのものの濃い味を楽しみます。

1 ふたがぴったりと閉まる鍋またはフライパンに野菜と水、塩を入れ、ふたをして火にかける。蒸気が出始めたら弱火にし、しばらく加熱して火を止める（蒸気が出ないタイプの場合は、ふたをとってたっぷりの湯げが上がっていれば弱火にする）。

2 葉物野菜やもやしは氷水にとって冷やし、根元に砂がないかなどを確認。ブロッコリーは水にさらさず、ざるに上げる。

3 しっかりと水けをしぼる。

おかずにおつまみに栄養満点！

ほうれん草ナムル

これで
作るよ

鍋

材料 2～3人分

ほうれん草		2束(400g)
塩		2つまみ
Ⓐ	しょうゆ	小さじ1
	塩	小さじ1/3
	砂糖	小さじ1
	にんにくのみじん切り	
		1かけ分
	いり白ごま	大さじ1
	ごま油	大さじ3

水きりはキッチンペーパーで
しっかりふけば完璧。

作り方

1 ほうれん草は根元を中心によく洗い、ぬれたままふたがぴったりと閉まる鍋に塩とともに入れ、「野菜の蒸し方」(p.91)を参考に、蒸気が出たら弱火にし、1分ほど蒸す。冷やしてしぼり、2㎝長さに切る。

2 ボウルに**1**と**Ⓐ**を入れ、全体がからむようにしっかり手であえる。

みんなのコメント

蒸すんですね。
目から
ウロコです🤯

みんなのコメント

早速
作りたいです✨

今日は
これにしました。
ささっとできて
いいですね😄

野菜
大好き！

味の決め手は「蒸して手であえる」。私の十八番のナムルです

「ナムルは味がキマらない～」ってコメントをよくもらうけど、ナムルを美味しく作る極意は「蒸す＆手であえる」。味つけはその野菜にベストだと思うもので紹介しとるけん、小松菜(p.90)や豆もやし(p.28)でも作って、味を比べてみて。

山盛りの白菜も一瞬でペロリ

白菜ツナサラダ

みんなのコメント
白菜が"生"って
ところがツボ。
みずみずしくて
美味しいですよね〜😂

みんなのコメント
これは食べたい！
きっとなくなるまで
止まらなく
なっちゃいます♡

材料 3〜4人分

白菜	1/4個（550g）
塩	小さじ1と1/3
ツナ缶	1缶（70g）
Ⓐ 鶏ガラスープのもと	
	小さじ1と1/2
（白菜の大きさに合わせて調整を）	
しょうゆ	大さじ1
マヨネーズ	大さじ2
いり白ごま	大さじ2
ごま油	大さじ1〜2

作り方

1 白菜は縦半分に切ってからざっくり軸と葉に分けて、軸は1cm幅、葉は縦半分に切ってからざく切りにする。

2 ボウルに軸を入れて塩小さじ1を振り、手でまぜてなじませる。

3 葉を加えて塩小さじ1/3を振り入れてさっとまぜ、30分ほどおく。途中2回ほど、塩が全体に行き渡るようにまぜ、しんなりしたら水けをしっかりしぼる。

おく時間は
長めでもOK。
山がどんどん
小さくなるよ。

4 ボウルに3とツナ缶（缶汁ごと）、Ⓐを入れてよくまぜる。ごま油を加えてさらにあえる。

そのままでも
美味しいけど、冷やして
食べるほうが好き♡

野菜
大好き！

冬の白菜は生で食べて
シャキシャキ食感を味わって

シャキッとした食感がたまらん、冬の定番サラダ。白菜は軸と葉に分けてから塩もみすると水けがしっかり抜けるので、驚くほどかさが減る！キャベツでも同じレシピでできるけど、やっぱり白菜ならではのあの歯ごたえがいいっちゃんね。

食べやすい大きさなので
わが家の子どもたちも爆食必至

オモニのうま辛きゅうり

みんなのコメント

袋をはさみで
切って水分を出す
ところがおもしろい！
箸休めにちょうど
よさそうです〜。

みんなのコメント

夫がうまい、
うまいと言って
ポリポリ食べる手が
止まりませんでした😂

きゅうりが
美味しい時期に
たっぷり
作りたーい✨

野菜大好き！

きゅうりは大きめに切って存在感を出して

すぐにも食べられるし、翌日だとさらに味がしみ込む。ごま油なしでも美味しいので、まずは入れずに味見して調整してみても◎。「辛いけど美味しい〜」って言いながら、未就学児たちもポリポリやってます。韓国粉とうがらしは辛みのある「あらびき」を使うけれど、「細びき」タイプなら辛みがまろやか。苦手な人はおきかえて作ってみて。

材料 2〜3人分

きゅうり	4本
塩	小さじ2

Ⓐ

しょうゆ	小さじ1
砂糖	小さじ1/2
細ねぎ（1cm幅の小口切り）	
	大さじ2
にんにくのすりおろし	
	2かけ分
韓国粉とうがらし（あらびき）	
	大さじ1
いり白ごま	大さじ1
ごま油	大さじ1

まい飯MEMO

韓国粉とうがらしがない場合は、一味とうがらしやラー油、豆板醤でも代用できるけど多く入れすぎないよう注意して。一味は少量、豆板醤は小さじ1/2程度で、ラー油を使う場合、ごま油は小さじ2に減らして作ってみてね。

作り方

1

きゅうりは四つ割りにして食べやすい長さに切る。ポリ袋に塩とともに入れてもみ、10分ほどおいてなじませる。

2

きゅうりから出た水分は、ポリ袋の端を切って出し、しっかり水けをきる。

> さらにきゅうりをキッチンペーパーでふくと良きです。

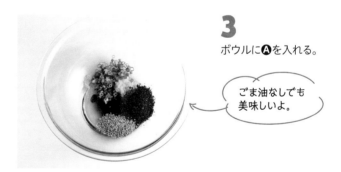

3

ボウルにⒶを入れる。

> ごま油なしでも美味しいよ。

4

2を加えて手であえる。

パリポリが止まらない。
子どもも皿を抱えて食べた

無限きゅうり

みんなのコメント

きゅうりの種を
とるやり方、
知りませんでした🫣

材料 2〜3人分

きゅうり		4本
塩		小さじ1
Ⓐ	白だし	大さじ1
	酢	大さじ1
	砂糖	小さじ1
	にんにくのすりおろし	
		2かけ分
	韓国粉とうがらし（あらびき）	
		大さじ1〜
	いり白ごま	適量
	ごま油	大さじ2

作り方

1 きゅうりは縦半分に切ってから、小さめのスプーンで種をこそぎとり、2cm長さに切る。

2 ボウルに入れて塩を振ってもみ、20分ほどおいてなじませる。

3 水けをきってキッチンペーパーで水けをふく。

4 Ⓐを加え、全体に味がからむように手であえる。

種の周りは
水分が多いので、
とり除くことで
水っぽさも解消！

野菜
大好き！

きゅうり4本を
あっという間に消費

きゅうりの特売を見つけたら「無限きゅうり、作ろっ♡」って、テンション上がる。種をとるひと手間をかけるだけで断然食感がよくなるからこれはやってほしい。粉とうがらしは大さじ1をめやすに好みで調整してね。冷やして食べても♡

シャキねばさっぱりの食感がクセになる
うまみをまとった白ごはん泥棒

梅おかかオクラ

この前作って
お弁当に入れました✨
好評でした〜😍

オクラ大好きなんで
（夏は中毒気味に食べますw）
絶対作ります！
毎回レシピ、ツボです〜！

これで
作るよ

鍋

みんなのコメント
食材の
組み合わせセンス
抜群なのナゼですか😏
早く作って
食べたーーい！

材料 2〜3人分

オクラ	10本くらい
梅干し	2〜3個（好みで）
塩	小さじ1
Ⓐ めんつゆ（2倍濃縮）	大さじ1
かつお節	1袋
すり白ごま	適量

作り方

1 オクラはまな板の上において塩少々（分量外）を振り、手のひらで押さえながら前後に転がしてうぶ毛をとり、水で洗う。

2 ふたがぴったりと閉まる鍋にオクラと水200mlを入れ、「野菜の蒸し方」（p.91）を参考に、蒸気が出たら弱火にし、1分ほど蒸して冷やす。

3 2を1.5cm厚さのコロコロに切る。

4 梅干しは種を除いてこまかく刻む。ボウルに入れてⒶとまぜ、3を加えてさっくりまぜる。

子どもは
ごはんにのっけて、
刻みのりを散らすと
ぱっくぱく食べます！

野菜
大好き！

しっかり味やけん、ごはんとともにオクラをパクパク

オクラって夏じゃなくてもスーパーで意外に見かけるようになってる気がしてて、地味に嬉しい。オクラを切るときは数本並べてまとめて切ると早いよ！

晩酌のお供に、ねぎとごまを
たっぷりあえたヘルシーナムル

梅なすナムル

これで
作るよ

電子レンジ

みんなのコメント

これ、今日
作らせてもらいました。
めちゃめちゃ
美味しいです♥

ごま油塗ると
色が変わらないんだね！
お勉強になります。
うちのなす、いつも
ゾンビです😂

材料 2〜3人分

なす	4個（細めだと作りやすい）
細ねぎ（1.5cm幅の小口切り）	2本
いり白ごま	大さじ2
梅干し	2〜3個
Ⓐ 白だし	大さじ1と1/2
砂糖	小さじ1/2〜2
にんにくのすりおろし	2かけ分
しょうがのすりおろし	1かけ分
ごま油	大さじ2
ごま油	適量

みんなのコメント

うんわあ、
美味しそうで、
電車でヨダレたれそうに
なりました😂 明日は
これにします🍴

大きさによって
火の通りが違うので、
やわらかくなるまで
様子を見て。

作り方

1 なすは全体にごま油を塗って
1個ずつラップで包み、4分
レンチンする。すぐに氷水に入れ
て冷やす。

2 キッチンペーパーでしっかり
水けをふき、縦2〜3等分に
割いてから、好みの大きさに切る。

3 梅干しは種を除いて刻み、ボ
ウルにⒶとともに入れる。

4 2を加えてあえ、ねぎとごま
も加えてさらにあえる。

あえるときはやっぱり
ここでも手を推奨。
味なじみがダンチ（段違い）！

野菜
大好き！

ゾンビ色とさようなら。
とろーんなすのレンチン技

なすにごま油をぬりぬりするのは、
変色を防ぐため。なすは氷水でし
やっきりしめるけん、すぐに食べ
られるけど、冷蔵室でさらに冷
して食べるとなおうまし！

そのままでも
おうち焼き肉のお供にも！

さっぱり酢大根

これで
作るよ

鍋

日もち
冷蔵室で約5日間。
漬けた1時間後から食べごろ。

材料 2〜3人分

大根		1/2本（460g）
Ⓐ	酢	100㎖
	塩	小さじ1
	砂糖	大さじ9
	水	200㎖

> 皮は捨てずにとっとって
> 「無限大根の皮」（p.100）
> に使って。

> みんなのコメント
> コレ、韓国料理の
> 「サンム」ですね。
> ずっとレシピ
> 探してました〜

> 作りたいので、
> スライサー
> 買ってきます！

作り方

1 大根はスライサーでスライスし、耐熱容器に入れる。

2 小鍋にⒶを合わせて火にかけ、しばらく煮立て、火を止める。

> 耐熱容器に
> 入れてレンチン
> 4分でもOK。

3 1に加えて、あら熱がとれたら冷蔵室で冷やす。1時間ほどひたせばOK。

> 休ませるほど
> 味がしみて
> 美味しくなるよね〜♡

> 野菜
> 大好き！

**そのままポリポリするのはもちろん、
お肉と食べても美味しい**

脂身多めの焼き肉もさっぱりもりもり食べられるようになるよ。漬けた直後は漬け汁につかりきってなくても大丈夫。大根からじわーんと水分が出てきて、たぷたぷになるけん安心して。

大根の皮、捨てるの待ったー！
むしろ皮がほしくなる名脇役

ボリッボリ
無限大根の皮

これで
作るよ

鍋

日もち
冷蔵室で約5日間。
漬けた翌日から食べられるけど、
翌々日のほうが味がなじんでおすすめ。

材料 2〜3人分

大根の皮	1/2本分（15cm分）
Ⓐ 酒	大さじ1
白だし	大さじ3
酢	大さじ2
砂糖	大さじ1と1/2
たかのつめ（小口切り、好みで）	
	適量

作り方

1 大根の皮はしっかり洗って、キッチンペーパーでふく（皮は厚めでもOK）。

2 2cm四方くらいの食べやすい大きさに切る。

> 耐熱容器に入れてレンチン4分でもOK。

3 小鍋にⒶを合わせて火にかけ、しばらく煮立ててから、火を止める。

4 2を耐熱容器に入れて熱いうちに3をかける。あら熱がとれたら冷蔵室に入れる。

> 大人だけが食べるなら、たかのつめを入れてピリ辛を味わって！

みんなのコメント

> 大根の使いきりに困ってたので、早速やりまーす

> これ、めちゃくちゃ美味しい😍 皮むいたあと困らない✨ さすが！

野菜大好き！

大根の皮は栄養も満点！
しっかり漬けて味をしみさせます

大根の皮、いつも無意識に捨ててない？めっちゃもったいないけん、今日から皮捨ては禁止（笑）。今回レシピでは分量を半分にしたけど、美味しくて絶対すぐなくなるけん、わが家式に倍量で作るのもおすすめ。ほんとこれ、多めで全然◎なのよ〜。

Part4 買いおきしててよかった！
加工品 お役立ちレシピ

練り物やとうふ、乾物や缶詰など、日もちがして使い勝手のよい加工品は
心強〜い味方。気軽に使えるものを中心に、価格が安いときに購入します。
扱いがラクなものがお気に入り。買ったらすぐに使っちゃうのがまい飯流です。

丸天

もち
〜しゃぶしゃぶ用タイプ〜

とうふ

ちくわ

ライスペーパー

粉物の大定番を皮で包んで
もっちり新感覚を体験してほしい

生お好み焼き

これで
作るよ
フライパン

みんなのコメント

見ただけで
美味しいに決まってる
やつやん😊🖤
あ〜食べたい🖤

わが家でも
お好み焼きにはもちが
欠かせません。
美味しそうな投稿〜。

みんなのコメント

作ってみました🙂
酒のアテに最高でしたよ。
青じそはゼッタイ必要ですね。
美味しかった〜🙂

**買ってて
よかった！**

しゃぶしゃぶ用のもちと
ライスペーパーが活躍！

3万人が保存してくれた「生春フライ」（p.46）のアレンジバージョンがこちら。いつでもストックしておくライスペーパーでお好み焼きの具とぺらーんなおもちを巻けば、食べやすいスティックお好み焼きの完成です。かじったらびよーんとのびるのも楽しいよ。

材料 8個分

豚こまぎれ肉	370g	卵	2個
キャベツ	1/3個	パン粉	適量
青じそ	8枚	ライスペーパー（16㎝）	8枚
もち（しゃぶしゃぶ用）	4枚	こめ油	適量
ピザ用チーズ	100g	お好み焼き用ソース、マヨネーズ、	
白だし	大さじ2	青のり、かつお節	適量
塩	小さじ1/2		

まい飯MEMO

ライスペーパーって揚げたり、焼いたり、食材の組み合わせをかえるといろいろアレンジができるっちゃん。パン粉のおかげでフライパンにくっつかないところも作りやすい！

作り方

1 豚肉は小さめに切り、塩を振ってなじませる。

2 キャベツは細切りにし、もちは縦半分に切る。

3 ボウルに卵を割りほぐして白だしを加え、豚肉とキャベツを加えてよくまぜる。

まな板に広げて20秒くらいで巻きやすいやわらかさになるよ。

4 別のボウルに水を入れてライスペーパー1枚をさっとぬらし、まな板に広げる。手前に**3**の1/8量、チーズ1/8量、もち1切れの順に重ねてのせてひと巻きし、左右を折りたたんで青じそ1枚を巻き込んで巻く。

5 巻き終わりをぎゅっとつけて、全体にパン粉をまぶす。残りも同様にし、計8個作る。

トッピングはお好みでどうぞ！

6 フライパンに約1㎝深さの油を弱めの中火で熱し、**5**を入れる。ときどき転がしながら全体に焼き色がつくまで揚げ焼きにする。器に盛り、ソース、マヨネーズ、青のり、かつお節をかける。

とうふの水きりに使う塩で下味をつけて。
とろみのある甘辛だれがいい感じ

鬼がらみ鬼とうふ

これで
作るよ
フライパン

みんなのコメント

今
作っています。
3回目のリピート
です

こんばんは〜、
今晩作ってみましたよ。
うーん、めちゃうま
でした

**買ってて
よかった！**

**とうふはこうして焼いて、
立派なおかずに変身させます！**

わが家では木綿どうふをまとめ買い。冷ややっ
こやみそ汁の具にするだけでなく、しっかり水
きりをしてから味をからませ、おかずやつまみ
に変身させます。子どもたちには、大豆のたん
ぱく質もしっかり食べてもらいたいよね。

材料 2〜3人分

とうふ（木綿）		1丁
塩		1つまみ
片栗粉		大さじ3
Ⓐ	しょうゆ	大さじ1
	みりん	大さじ1
	トマトケチャップ	大さじ1
	砂糖	小さじ1/2
	にんにくのすりおろし	1かけ分
	コチュジャン	小さじ1
	いり白ごま	小さじ1
	水	大さじ3
こめ油（焼き用）		大さじ3
ごま油		大さじ1
細ねぎ（1cm幅の小口切り）		適量

作り方

1

塩をとうふ全体に広げるようにすり込む。

2

キッチンペーパーで包んでボウルの上においたざるにのせ、重しをして30分〜1時間ほど水きりをする。1cm厚さに切って、それぞれに片栗粉をまぶす。Ⓐはまぜる。

> 塩の力を借りて脱水促進！

> 表面がカリカリに仕上がるけん、片栗粉はしっかりつけとくよ。

3

フライパンにこめ油を熱し、**2**を並べ入れ、途中で返して両面をしっかり焼く。

まい飯MEMO

水分の多いとうふは脱水がとっても大事。形がくずれたり、味がぼやける原因にもなるけん、水きりする工程ははしょらんでていねいにやってみて。

4

弱火にしてから**2**のⒶを回し入れ、上下を返しながら全体に味をからませて火を止める。鍋肌からごま油を回し入れて火を止める。器に盛り、ねぎを散らす。

いろんな味が楽しめるうえ
ごまドレポン酢で爆食確定！

鶏ツナとうふつくね

これで
作るよ
フライパン

みんなのコメント

あまり
手をかけずに
美味しいって、最高です。
これからも楽しみに
参考にさせて
いただきます😀💕

みんなのコメント

孫に
作ってみます。
どんな顔して
食べてくれるのか、
今から楽しみ😍

すべての
材料が家にある!!
作ります😀

買ってて
よかった！

ツナ缶ととうふの
買いおきかさましコンビが神！

世の中につくねの味は数あれど、肉ツナ野菜とうふが
全部入りのやつはなかなかお目にかかれないんやな
い？ 食べたらびっくり、絶妙なバランスの食感。フラ
イパンで2回分を焼くこの量でも、子どもたちで争奪
戦になり、すぐになくなります。

材料 15個分

ツナ缶		1缶（70g）
鶏ひき肉		500g
にんじん		1本
とうふ（木綿）		1/2丁
塩		1つまみ
Ⓐ	白だし	大さじ2
	しょうがのすりおろし	
		適量
	塩	小さじ1/2
	砂糖	大さじ1
	マヨネーズ	大さじ1
	片栗粉	大さじ4
Ⓑ	ポン酢しょうゆ	50㎖
	ごま風味ドレッシング	
		50㎖
こめ油		大さじ3
刻みのり		適量
細ねぎ（1㎝幅の小口切り）		適量
いり白ごま		適量

作り方

1 塩をとうふ全体に広げるようにすり込んでキッチンペーパーで包む。ボウルの上においたざるにのせ、重しをして30分〜1時間ほど水きりをする。Ⓑはまぜる。

2 別のボウルにひき肉を入れて、にんじんをスライサーでせん切りにしながら加える。

> ゆるい場合は少し冷やすと成形しやすくなるけん、冷蔵室に入れて様子を見て。

3 2に1、ツナ缶（缶汁ごと）、Ⓐを加え、しっかりまぜる。

> 外側からおいていくと火の通りのバランスよし。

4 フライパンに油を熱し、3を直径6㎝くらいに形をととのえながら並べ、4分ほど焼く。上下を返して4分ほど焼く。残りも同様に焼く。

まい飯MEMO

肉だねに味をつけてからポン酢とドレッシングを煮からめるけんしっかり味なんやけど、これにほんの少しマヨネーズをつけて食べるのも美味しいっちゃんね。

5 4の1/2量にⒷの1/2量を回しかけ、上下を返しながら煮からめる。残りも同様にする。器に盛って、のり、ねぎをのせて、ごまを振る。

赤くても辛すぎないから中学男子のお気に入り！
簡単なのに高評価なスピードメニュー

鬼がらみ鬼ちくわ

これで作るよ
フライパン

材料 作りやすい分量

ちくわ	8本
片栗粉	大さじ2
いり白ごま	適量

A		
	にんにくのすりおろし	
		1かけ分
	トマトケチャップ	大さじ2
	しょうゆ	小さじ2
	砂糖	小さじ1
	コチュジャン	小さじ1
	水	大さじ5

ごま油	大さじ2
細ねぎ（1cm幅の小口切り）	適量

作り方

1 ちくわを2cm厚さに切る。

2 ポリ袋に**1**と片栗粉を入れて振り、全体に粉をまぶす。

3 フライパンに油を熱して**2**を入れ、表面がパリッとなるまで転がしながら焼く。

4 **A**をまぜて回しかけ、ごまを加えてからめる。器に盛って、ねぎを散らす。

辛めが好きなかたは
韓国粉とうがらし（あらびき）
などを足してみても。

みんなのコメント

ケチャップと
コチュジャンで、
想像していたのとは
違う新しい味わい！
クセになる～！

買ってて
よかった！

買いおきのちくわは
一気に2袋使いがマスト

ちくわもいつも冷蔵庫にストックする便利アイテムやけど、使うときは一気に消費。コロコロに切って焼いて、とろりと味をからますと、焼酎にぴったりのつまみになります。そのほかかば焼きにしたりもしますが、子どもがおやつにかじる率も高め（笑）。

Part5 さっと作れる、ほっとする
箸休めと大好きスープ

料理をしていていちばんテンションが上がるのが、箸休め（＝酒のつまみ）や
スープを作っているとき。どちらも私自身が大好きで、作っているそばから
「ああ早く食べたい」と落ち着かなくなるほど（笑）。お気に入りを厳選して紹介！

つまみとスープが
あれば
安心です♡

これ、見た目も味も
「しゃれとんしゃ〜♫」ってなるヤツです

うますぎ鯛チーズ

これで
作るよ

鍋　トースター

みんなのコメント

食べた〜い！
これは
美味しそう😋

白ワインが
進むやつですね。
ナッツがアクセントに
なってて👍

好きだ
わ〜♡

気に入って何度も作っとる
わが家のつまみ

夕方のスーパーで安売りになっとる魚の切り身（鯛
じゃなくても白身ならOK）を見つけたら即買い！　難
しいことはなーんもないけん、まずはレシピどお
りに作ってみて。おうちディナーとか持ち寄りパ
ーティーとかで出したら間違いなかろ♡

110

材料 作りやすい分量

鯛の切り身	1切れ(30g)
クリームチーズ	90g
たくあん	5g
白だし	小さじ1
岩塩(または塩)	適量
アーモンド	適量
クラッカー	お好きなだけ

作り方

1

小鍋に高さ1cmまで水を注いでクッキングシートを入れ、鯛をのせてふたをし、火にかけて5分ほど蒸す。あら熱がとれたら鯛をとり出してキッチンペーパーで水けをふいてしっかりと冷ます。

> 少量の蒸し物は
> 小鍋とクッキングシートを
> 使うと便利。

> たくあんのかわりに、
> いぶりがっこを
> 使うのもおすすめ。

2

クリームチーズは室温においてやわらかくし、ボウルに入れてなめらかになるまでまぜ、1を加える。たくあんはみじん切りにする。

3

1をほぐしながらまぜ、たくあん、白だしを加えてしっかりあえる。岩塩少々を加えて味をととのえて器に盛る。

> アーモンドは
> フライパンで5分ほど
> からいりしてもOK。

まい飯MEMO

お店(どこかは忘れたw)で食べて美味しいと思った味を再現。鯛とチーズを使っていたかどうかもわからんのやけど、好きな味に仕上がった〜。たくあんを加えたら味がまとまった!

4

アーモンドはオーブントースターで7分加熱し、あら熱がとれたら保存袋に入れてめん棒などでこまかく砕く。3に岩塩少々とともに散らす。クラッカーを添える。

くるっと巻くだけの手軽さもお気に入り。
たまには映えレシピもいいっちゃない?

生ハム大根

みんなのコメント

すっごく
美味しそう!
1つでいいから
ちょうだーい😂

塩け
だけじゃない、
甘みの組み合わせが
イイ!

みんなのコメント

ホムパとかで
こんなつまみを
さっと出せるように
なりたい♡

材料 5個分

生ハム	5枚
大根の薄切り(スライサーで)	5枚
クリームチーズ	45g
Ⓐ オレンジマーマレード	大さじ1
オリーブ油(またはこめ油)	大さじ1
パセリのみじん切り	適量
あらびき黒こしょう	1つまみ

作り方

1 クリームチーズは1cm厚さに切る。

2 生ハム1枚を広げ、手前に大根1枚、クリームチーズ1切れの順に重ねて巻く。残り4個も同様にする。

3 Ⓐをまぜてソースを作る。

4 器に**2**を盛って**3**をかけ、パセリとこしょうを散らす。

こんな感じに
くるっと巻く。

好きだ
わ〜♡

**簡単なのに、
もはやデパ地下の味!**

クリームチーズはいつも大きいタイプのKiriを愛用♡ 意外と日もちもするから、安いときに買い置きするっちゃんね。インスタでは柑橘フレーバーの砂糖を使ったんやけど、マーマレードでもやってみたらこちらも美味でした。

おかわり止まらん、そしてお酒もエンドレス!?

明太ムチム

みんなのコメント
辛いのは
苦手なんやけど、
これはクセに
なりそう😀

白ごはん好きには
たまらん一品

材料 作りやすい分量

からし明太子		100g
A	しょうゆ	小さじ1と1/2
	酒	小さじ1と1/2
	ごま油	大さじ1
	韓国粉とうがらし（あらびき）	
	大さじ1（好みで調整を）	
	長ねぎ（みじん切り）	1本
B	細ねぎ（1cm幅の小口切り）	
		3本
	いり白ごま	小さじ1

作り方

1 ボウルに明太子を入れて薄皮からこそぎ、皮は除く。

皮に切り目を入れてこそいでください。

2 **A**を加えてしっかりまぜる。

3 **B**を加えて軽くあえる。

みんなのコメント
これあかんわ～。
うまいに決まっとる！
ごはん止まらん
やつやぁ～。

まい飯MEMO

ごはんにのっけるのはもちろん、とうふとの相性もいいっちゃんね。とうふにのっけたときは、追いごま油でますます美味しくしてね。子どもたちも大好きなメニューです。

好きだ
わ～♡

これをアテに無限に飲める！

ムチムとは韓国語で「あえる」という意味。韓国風に味つけした明太子を2種のねぎたちと合流させてあえるだけ。マッコリや焼酎（ソジュ）をやりながらちびちびつまむのにもってこいだし、ごはんのお供にも最強！ めっちゃ簡単やけん、まじで作らんと損ですよ～。

たっぷり入れた白ごまの存在感
香ばしく味わう絶妙な和風味

アボカドの和タルタル

これで
作るよ  鍋

みんなのコメント

タルタルは
よく作るけどごまを
入れる発想は
なかった😺👏

アボカドと
タルタルの
組み合わせが
魅力的〜✨

材料 作りやすい分量

アボカド		1個
卵		1個
玉ねぎのみじん切り		1/6個分
Ⓐ	塩	小さじ1
	水	300㎖
Ⓑ	たくあんのみじん切り	
		2切れ分
	マヨネーズ	大さじ2
	練乳	小さじ2
	レモン汁	小さじ1
	すり白ごま	大さじ1
	岩塩	少々
あらびき黒こしょう		適量
岩塩(または塩)		適量

下準備

卵は「ゆで卵の作り方」(p.79)を
参考にしてゆでて殻をむく。

好きだ
わ〜♡

白ごまの香ばしさが味の決め手

タルタルソースに白ごまを入れるだけで和風
味に変身。甘みもほしいけん、いつもの練乳
も忘れんで。アボカドを切ってすぐ使わない
ときは、レモン汁をかけたら変色せんよ。仕
上げにかける塩は岩塩がおすすめ!

作り方

1 ゆで卵は白身と黄身に分け、
白身はみじん切りにして黄身
はこまかくなるまでつぶす。

2 Ⓐに玉ねぎを入れて10分ほど
さらす。ざるに上げて水けを
きり、しっかりとしぼる。

3 ボウルにⒷと**1**、**2**を入れて
よくまぜ、冷蔵室で冷やす。

すりごまが
いい仕事
してくれると♪

4 アボカドを好みの厚さに切り、
器に盛って**3**をかけ、こしょ
うと岩塩を振る。

秒で完成する最速つまみ
どーしてもレバ刺しが食べたくて♡

アボカド刺し

材料 2～3人分

アボカド	1個
すだち、かぼす、	
レモンなど柑橘系のしぼり汁	
	適量
細ねぎ（1㎝幅の小口切り）	適量
すり白ごま	適量
塩	2つまみ
ごま油	大さじ1

作り方

1 アボカドは少し薄めに切る。

2 器に広げて盛り、すだちなどのしぼり汁をかけ、ねぎを散らす。ごま、塩、ごま油をまんべんなくかける。

みんなのコメント

レバ刺しも
アボカドも大好きなので、
目に入った瞬間、
釘づけになりました😍

その手が
あったか!?
気づかなかったわ
😀😀

好きだ
わ～♡

唯一のコツは美味しいアボカドを選ぶことだけ！

アボカドって当たりはずれが激しくない!? このレシピはまさにスーパーでのアボカド選びが命。色は緑よりも黒っぽくて少しだけ熟した感じがベスト。ほどよい舌ざわりと味は、まさにレバ刺しっぽい。こんな気楽な箸休めがいちばん好き。

みんなのコメント

めちゃくちゃ
美味しくて
3日連続で食べちゃい
ました😀

二日酔いの朝にじんわりやさしい
カラダ思いなレシピ

豆もやし大根スープ

これで
作るよ 鍋

みんなのコメント

見るだけで
よだれ出てきた

みんなのコメント

あー、これ
まじ飲みたい！

好きだ
わ〜♡

絶対紹介したかった、
友人も子どもも大好きな一杯

体調管理のため、週3日はお粥を食べてる
という友だちのために考えたレシピ。栄養
満点で体あたため効果も抜群だから、気に
入ってもらえた！ うちの子どもたちも大好
きやし、私の酔い覚ましに欠かせないスー
プでもある（笑）。大切な人に作ってあげて〜。

材料 作りやすい分量

豆もやし	1袋（200g）
大根	250g
長ねぎ	1本
にんにくのみじん切り	2かけ分
Ⓐ 白だし	100mℓ
塩	小さじ1/2

作り方

1
豆もやしはさっと洗い、ざるに上げて水けをしっかりきる。

> 味が薄まらんようにするためにもしっかりきってね。

2
長ねぎは斜め薄切りにする。大根はいちょう切りにする。

> 青い部分も使うと美味しい！

> 大根に火が通ったら豆もやしを投入！

3
大きめの鍋に水1.7ℓと大根を入れて火にかけ、沸騰したら弱火にして5分ほど煮る。大根に火が通ったら豆もやしを加えて3分ほど煮る。

まい飯MEMO

太くてしっかりした食感の豆もやしは、存在感があってボリュームが出るだけでなく、味もしっかり楽しめるから大好き。スープやナムル（p.28）をせっせと作っています。子どもたちも食べてくれるから助かる～。

4
Ⓐを加えてひとまぜし、長ねぎ、にんにくも加える。長ねぎに火が通るまで3分ほど煮る。

> 食べるときに好みで韓国粉とうがらし（あらびき）を振ってね。

作った翌日はさらにわかめがとろんとろん。
おなかにたまる食べるスープ

牛すじわかめスープ

これで作るよ
鍋

みんなのコメント
美味しそう！
私も
作ります。

みんなのコメント
やばぁぁ🔥
絶対作るー😍

好きだ
わ〜♡

ほんとは寸胴鍋で
作りたい、最愛スープ

次の日も、できればその次の日も
食べ続けたいから、ありえないほ
ど多めに作ってしまう定番中の定
番スープ。作った翌日以降はわか
めのとろ〜ん感がマシマシやけん、
ここにごはんを入れたらほんと最
高。うまみ凝縮で「体にいい！」
って感じよ。子どもたちもおかわ
り連発の大好物レシピです。

材料 作りやすい分量

わかめ（塩蔵タイプ）	1袋（130g）
牛すじ肉	180g
しょうゆ	50㎖
白だし	20㎖
いり白ごま	小さじ2
ごま油	適量

Ⓐ		
	しょうゆ	大さじ1
	にんにくのすりおろし	
		1かけ分
	あらびき黒こしょう	適量
細ねぎ（1㎝幅の小口切り）		適量

まい飯MEMO

わが家では地元・福岡県の志賀島（しかのしま）産の塩蔵わかめを使っています。とろとろしてるのに、しっかり歯ごたえがあって、とにかくうまい！毎年販売が始まる春先、島まで足を延ばして5袋くらいをまとめ買い。大事に食べてます。

牛すじの歯ごたえが好きなのでそれを求めて私は大きめに切りますが、かたいのが苦手な人はこまかく切って。

作り方

1 わかめはさっと洗って10分ほど水につけて塩抜きをする。さっと洗って水けをしぼり、食べやすい大きさに切る。

2 牛すじ肉は、好みの大きさに切る。

3 ボウルにⒶをまぜて**2**を入れ、10分ほどつける。

4 大きい鍋に油を熱して**3**を入れ、肉の色が変わるまでいためる。

5 **1**を加えてさらにいため、油が回ったらしょうゆを加え、汁けがなくなるまでいためる。

6 水1.5ℓと白だしを加える。沸騰したら弱めの中火にしてごまを加え、ときどきアクをすくいながら15分ほど煮る。器に盛って、ねぎを散らす。

教えて！まいさん 一問一答

やるしかないので楽しみながら ごはん作ってます

いつも

子育てしながら、インスタをアップして、
お酒片手に料理して、一日中フル回転しているまいさん。
ドタバタを笑いに変えながら、
ごきげんに過ごすヒントを聞きました。

> どうせやるなら
> 自分好みにして
> おもしろがらんとね！

やるしかない！ 料理のこと

Q. 好きな調理法はある？

A. 野菜蒸し

ゆでるよりもうまみが強く、 野菜の味が濃く感じられます。

野菜は蒸すのが断然おすすめ。栄養が流れ出ないうえ、濃厚な味が楽しめるけん、やらん手はないよね。だからって「蒸し器を用意せな」なんて思わんでよ。ふたがぴったり閉まればフライパンや鍋で十分。お湯を沸かさんでいい分、時短にもなるけん。

> ふたをあけたときの
> 香りも良き

Q. 好みの味つけは？

A. チーズ味

子どもも私も大好きだから カロリーは気にせず思いっきり！

具材にまぜてとろ〜んと食べるのも、カリッカリに焼いて食べるのもどっちもいい。チーズ味に仕上げると子どもたちの反応もよくて、苦手な食材をチーズと合わせたら「食べれたっ！」って、これあるあるやね。

チーズを使うときは常に豪快に。せっかくならほんのりチーズ味じゃなくて"がっつりチーズ味"で。

Q. 新しいレシピは どんなときに考える?

A. 外食したとき

自分以外の誰かが作ってくれる料理って、美味しいヒントがいっぱい。

そのまま再現するというよりも味つけや食材の組み合わせなどを参考に、昔食べた味とか食材とかの記憶をつなぎ合わせて考えるって感じ。遠い昔に食べたときのことを不意に思い出すこともあっておもしろい。最近はあまり外食できてないからゆっくり行きたい〜!

Q. どんなお酒を 飲んでるの?

A. 大容量を少しずつ

頑張った自分への ごほうびは欠かせません。

日中はやんちゃな2歳児と過ごしながら、掃除、洗濯、動画制作、昼ごはん。お迎えから戻ったら盛大な量の晩ごはん作り。ドタバタを乗り越えた自分に毎日ご褒美をあげたいので、大容量をスタンバイさせて、いつでもお酒はきらしません。

> お気に入りの お酒はコレ!

トリスは4ℓでスタンバイさせていつでもハイボールの準備は万端に。焼酎、チャミスル、チューハイも常備酒。

Q. 調理への こだわりを教えて

A.1 にんにく、しょうがは 生で使いたい派!

この2つの味と香りは料理に欠かせない。さっとすりおろしたり刻んだりするだけで段違いにうまくなるならやるっしょ。時間がなかったり買い忘れたりしたときは「焼肉のたれ」で味つけ。どちらもしっかり入っとるよ。

> きらしたときは コレで代用!

A.2 ナムルは必ず手であえる。

箸であえるのと味がぜーんぜん違うけん、ぜひやってみてほしい。食材を傷つけないとか、味がしみやすくなるとか理由はあるけど、それだけじゃないと思える美味しさがあるんよね。

A.3

ごはんは鍋で炊く。

鍋を使えばいただきますまで最速20分。炊飯器にくらべて時短になるし、美味しいし、場所もとらんし、言うことなし。もともとは気に入る炊飯器が見つからんくて使いだしたんやけど、結果的にはいい選択に。

A.4

味つけに迷ったときは マヨネーズに頼る。

ぱっと味を決めたいときは、みんなが大好きなこの子の出番。仕上げにかけるのはもちろん、ポン酢と合わせたり肉だねにまぜたりしてアレンジが楽しい。油がわりにマヨネーズで肉を焼くのもよくやります。

キッチンまわりの きまりごと

total 約**21kg**
約**1万2000円**分。
1カ月分の精肉を
まとめ買い

鶏の砂肝
810g

鶏のなんこつ
550g

鶏むね肉
12kg

豚こま＆
豚薄切り肉
5kg

牛すじ肉
900g

ひき肉
2.2kg

毎日作るおかずの量も調理回数も
半端なく多いので、料理で劇的に
時短するのはあきらめモードです。
そのかわり買い出しやキッチンまわりの
ルールをいくつかきめています。

ルール 1　肉の買い出しは月に 一 度だけ。 ぜんぶ冷凍しておきます

大量に買い込んで冷凍保存。毎日使う分だけ解凍して使うのがわが家のスタイル。なんとなく1カ月の流れをイメージしながら袋に詰めていきます。この作業、なかなかの苦行やけど、やっとくと毎日の料理が断然ラクなんよ。

心を無にして
どんどんポリ袋に
入れていきます

どっさり

これから袋に
詰めてくよー！

START!

とりあえず
全部あける

鶏むね肉の皮は
手ではいで分けていくよ

この日は箱買いしたむね肉のほかに31パック購入！ 買い物から帰って即作業開始。

かさばるパックからポリ袋に一気に詰めかえる。高くつくジッパーつき保存袋は使いません。

むね肉についた大量の鶏皮も大切な食材。1回分2枚ずつくらいに小分けにして袋へ。

買い物から袋詰めまでしたら、冷凍庫をあけんでも頭の中で在庫管理ができるもんよ。

専用の冷凍庫に
入れて終了！

ここまで
だいたい
40分！

ルール 2　引き出しは収納1つに つき1ジャンル

限られた収納を使い勝手よく整理しようとした結果、行き着いたのが"1段1ジャンル"ルール。引き出しの中での配置も決めて「おいていいのは収まる分だけ」と割り切れば、出し入れしやすく管理もラクラク。

保存容器は
ほぼ出番なし

極力
ストックは
持ちません！

**わが家の食器はすべてが一軍。
7人家族なのにこれがすべて**
「1個買ったら1個処分」を貫き通せば、このとおりすっきり。

**パントリーは
この引き出し1つのみ**
みんなが使うところはごちゃつきやすいけん、特に余白多め。

ルール3
野菜はすべて冷蔵庫の野菜室で一元管理！

一度にすべての野菜が把握できるのがなにより便利。室温保存はやめて、いも類も果物もすべて野菜室へ。庫内には仕切りをつけて定位置も確保。めいっぱい入っていても在庫管理はラクラク。

あちこち置かず、いも類も根菜類もぜーんぶここ！

すぐにふいておけば掃除もラクラク。

ルール4
調理中は汚れたそばからふいていく

毎日の揚げ物や焼き物で油ハネがひどいけど、台所はいつもきれいにしてたいけん、クセで手が動く感じ。キッチンペーパーやふきんでさっとやれば、わざわざコンロまわりの掃除する時間をとらずにすむけんね。

ルール5
料理は少しくらい失敗しても気にしない！

味が濃かったかも？ ちょっと焼き色つけすぎた!? なんてよくある話。小さなアクシデントは想定内と受け入れ、なんとか挽回して完成させます。失敗談は夕食時のネタにしながら、とにかく楽しく食べるがマイルール。

おうちのことちょっと教えて！

ダイニングに広がる大きな窓はまるで絵画のよう。ここからさし込む自然光で、昼間は照明いらず。家族みんなが集まりまい飯レシピの動画が生まれる場所でもあります。

公園の借景を背景に、キッチンとダイニングを行き来しながら動画撮影。

back style

いつもここで撮影しています

機材をセットして黙々と作業。高身長ゆえテーブルと高さが合わず、腰を落としたツライ体勢なのです。

お迎えからのドタバタ一本勝負！
まい家の平日タイムスケジュール

うちの夕食はだいたい19時。旦那さんは帰宅が遅いから、せめて子ども5人と私、できるだけそろって食べられるように、準備を進めます。

今日の夕飯、なんにしよ？

お母さんたちってずっと頭の中でごはんのこと考えとらん？「昨日はあれ食べたけん、今日はあっち」とか「こないだ食べたいって言ってた」とかさ。個人差があってもそのくらい家族のごはんのことを考えてるって、マジですごいことよね（自分も含めて）。

おやつのこと

幼稚園組はクッキーやおせんべい、アイスなどでおやつタイム。晩ごはんはおなかいっぱい食べてもらいたいけん、夕食との間隔がしっかりあくように、帰ったらすぐに食べさせる。

大好物の餃子を前にこのポーズ。大好きな子どもの笑顔あっての毎日です。

14:30 幼稚園組の2人をお迎え

末っ子（2歳）と一緒にお姉ちゃん2人を幼稚園に迎えに行きます。さっき送ったと思ったのに掃除やら動画撮影やらしてたら一瞬でお迎えの時間よね（涙）。

15:00

ただいまー！みんなでごはん作ろう〜

子どもたちは料理のお手伝いが大好きで、帰ったらキッチンに直行。「チーズチキンと鶏つくねどっちがいい？」なんて聞きながら献立を決め、みんなで晩ごはん作り。なかなか作業が進まんけど、できるだけ参加してもらっています。

キッチンに立つと子どもたちが集まってきて、お手伝いの争奪戦が始まります。

にんにくの皮むきはまかせて！

あとは焼く、揚げるってとこまで仕上げて、子どもたちと隣の公園に行くことも多い。

18:00 小・中学生の上2人が帰宅

「今日のごはん、なーん？」が第一声の長男＆次男が帰宅。二人が帰ってくるまでに私と下3人はお風呂をすませ、長男と次男も帰ったら風呂場に直行してもらいます。さっぱりしてからリビングのある2階へ上がるのがお約束。

おかずは多め、汁物必須！

19:00 みんなそろったらいただきます

とりあえず乾杯！　私は至福の一杯を味わいながらダッシュで食事をすませ、子どもたちと話をしながらおそうじタイム。キッチンの床を拭いて掃除機をかけるので、ゆっくり座って食べることは、ほぼありません。

おかずは大皿に盛りつけたりそれぞれにしたり。子どもの好き嫌いはあるけど、苦手なものでも「ひと口は食べて」って言っています。ほかの子が食べているのを見ると食べてくれることもある。

21:00 私のゴールデンタイム到来

下の子たちを寝かしつけたらやっと自分時間。動画編集をしたり、ドラマを観たりして、21〜23時に帰宅する旦那さんのごはんを準備したら一緒に晩酌。寝るのは1時ごろ。もちろん子どもたちと寝落ちすることもたびたびで、いつも「起きてたい」っていう気持ちと葛藤してます。

子どもたちと一緒に毎年みそ作り

みそは自家製のもの。結婚当初からずっと続けています。

おわりに

私のそばにはいつも料理がありました（みんなそうかいな？）。
母子家庭で育ち、ママは忙しいながら
仕事終わりに私の好きなものをたくさん作ってくれた。
食べるのは21時くらい。
母と兄との家族3人の食事の時間は、今思い出しても幸せな時間でした。
もつ鍋や、たけのこの煮物、カワハギの刺し身。
子どもやけんってあれ食べちゃダメ、これはいかんとか、一切言われんかった。
それもあって、私は嫌いな食べ物が一つもない。
たまに会うパパはふわふわのパンで毎朝必ずピザトーストを作ってくれた。
1つ上の兄は、私が泣いていると、
私の大好物のわかめ料理を作ってくれた（兄は私よりも料理がうまい）。
おばのおしゃれなポテトタワーは最高だったし、
調理師だったおじいちゃんがゆでてくれるそうめんと
飾り切りのきゅうり、きれいにさばかれて盛られた舟盛りのお刺し身……。
おばあちゃんの煮物、赤飯、ちらし寿司、
高菜いためにお正月の数の子は、幸せの味しかせんやった。
私の家族の思い出は、料理の思い出でできている。
やけん、こんなふうに料理本を出せるなんてめちゃめちゃ幸せです。
この本は、編集さん、ライターさん、カメラマンさん、アシスタントさん、
そして私が本当に楽しんで、チームワークバッチリで作り上げたものです。
ほかにも携わってくださったかたがたくさんいて、人と人とをつなげてくれた本です。
そして、これを手にしてくれているあなたとのご縁もです。
この本を見ながら、たくさん料理を作ってみてください。
あなたの大切な人たちが、私みたいに笑顔になれますように。
あなたの大切な人たちの、思い出の料理になりますように。

2024年 春 まい

まい

料理系インスタグラマー。フォロワー数は27万人超え（2024年1月現在）。福岡県在住、夫と5人の子どもの7人暮らし。小さいころから料理をするのが日常だったため、料理歴は32年。お酒を飲むのが大好きで「忙しい日こそ、美味しいごはんと酒で一日を〆る」がモットー。うまい酒を飲むために日々作る料理が「簡単で美味しい」「野菜嫌いの子どもが残さず食べてくれた！」と大好評。インスタ内で人気の高かったレシピを一冊にまとめた本書が、初の著書となる。
Instagram　@maimeshi_recipe

STAFF
AD&ブックデザイン── tabby design
撮影───────────坂元俊満、まい
調理アシスタント───中 陽子、ちゃん
構成・文 ─────── 中田久美子
編集担当───────澤藤さやか（主婦の友社）

撮影協力　ルミエール (p.31)
　　　　　ロスヘル (p.59)

まい飯レシピ やるしかないから、今日もごはんを作る！

2024年3月20日　第1刷発行

著　者　まい
発行者　平野健一
発行所　株式会社 主婦の友社
　　　　〒141-0021 東京都品川区上大崎3-1-1
　　　　目黒セントラルスクエア
　　　　電話　03-5280-7537（内容・不良品等のお問い合わせ）
　　　　　　　049-259-1236（販売）
印刷所　大日本印刷株式会社

©Mai 2024 Printed in Japan
ISBN978-4-07-456220-6

Ⓡ〈日本複製権センター委託出版物〉
本書を無断で複写複製（電子化を含む）することは、著作権法上の例外を除き、禁じられています。本書をコピーされる場合は、事前に公益社団法人日本複製権センター（JRRC）の許諾を受けてください。また本書を代行業者等の第三者に依頼してスキャンやデジタル化することは、たとえ個人や家庭内での利用であっても一切認められておりません。
JRRC〈https://jrrc.or.jp eメール：jrrc_info@jrrc.or.jp 電話：03-6809-1281〉

■本のご注文は、お近くの書店または主婦の友社コールセンター（電話0120-916-892）まで。
※お問い合わせ受付時間　月～金（祝日を除く）10:00～16:00
※個人のお客様からのよくある質問のご案内　https://shufunotomo.co.jp/faq

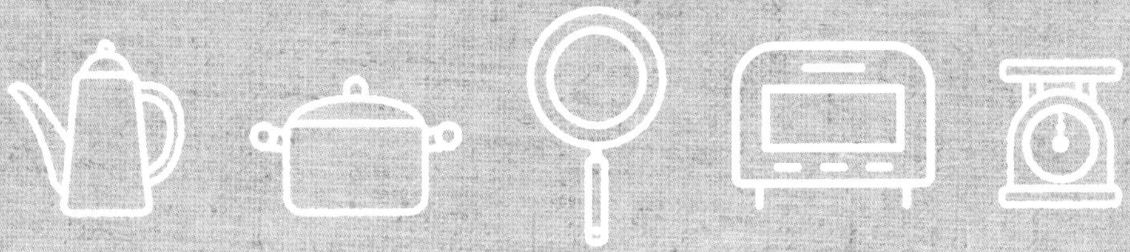